Über dieses Buch

Mit der Verleihung des Nobelpreises 1977 an den Spanier Vicente Aleixandre wurde auf einen Dichter aufmerksam gemacht, dessen lyrisches Werk zwar in Spanien und Lateinamerika längst größte Anerkennung gefunden hatte, bei uns aber nur wenigen Lyrikkennern vertraut war. Dieser Gedichtband stellt eine Auswahl aus dem poetischen Schaffen der letzten fünfzehn Jahre in deutscher Sprache vor.

Die Gedichte sind von reicher poetischer Bildersprache. Sie leben vom Wunsch nach Verständigung unter den Menschen, sind durchdrungen vom bedrohlichen und versöhnenden Kosmos der Natur, vom unaufhaltsamen Kreislauf des Lebens, vom Lieben und Altern. Aleixandres lyrische Sprache in diesen späten Gedichten ist knapp und dicht, ohne zu verrätseln, von hymnischem Gefühl getragen, aber ohne Sentimentalität.

Fritz Rudolf Fries ist es gelungen, die Leuchtkraft und Intensität dieser Poesie meisterhaft ins Deutsche zu übertragen.

Der Autor

Vicente Aleixandre, 1898 in Sevilla geboren. Jurastudium. Gehörte mit Federico Garcìa Lorca, Rafael Alberti u. a. zur dichterisch bedeutsamen »Generation von 1927«. 1932 Nationalpreis Spaniens. Ohne selbst politisch aktiv zu sein, gehörten während des spanischen Bürgerkriegs seine Sympathien den Republikanern. Unter dem Regime Francos jahrelang geächtet. Lebt heute in Madrid. In deutscher Übersetzung erschien außerdem der Lyrikband »Die Zerstörung oder die Liebe« (1978).

Vicente Aleixandre
Gesicht hinter Glas

Gedichte / Dialoge

Deutsch von
Fritz Rudolf Fries

Fischer
Taschenbuch
Verlag

Fischer Taschenbuch Verlag
Juli 1980
Ungekürzte Ausgabe

Umschlagentwurf: Jan Buchholz/Reni Hinsch
Foto: Harro Wolter

Fischer Taschenbuch Verlag GmbH, Frankfurt am Main
Lizenzausgabe mit freundlicher Genehmigung der
Verlag Steinhausen GmbH, München
Titel der Originalausgaben:

Originalverlag: Plaza & Janes, S. A., Editores, Barcelona
Deutsche Ausgabe (ausgenommen DDR):

Gesamtherstellung: Hanseatische Druckanstalt GmbH, Hamburg
Printed in Germany
680-ISBN-3-596-22255-9

Inhalt

Strophen des Vollendens

Zwiegespräche des Erkennens

Strophen des Vollendens
(Poemas de la consumación)

Für Carlos Bousoño

1

Die Worte des Dichters

Was, nach den toten Worten,
den noch immer ausgesprochenen oder gesagten,
erwartest du? Ein paar fliegende Blätter,
hier und da verteiltes Papier. Wer weiß? Wenige
    ausgelöschte Worte
wie das Echo oder wie das Licht, das weit weg in
    großer Nacht stirbt.

Alles ist tiefe Nacht.
Sterben heißt, einige in Augenblicken des Entzückens

oder Zorns gesagte Worte, in Ekstase oder
    Verlassenheit,
zu vergessen, wenn die erwachte Seele aus den Augen
    schaut,
dem Lichte ähnlicher als dem kundigen Ton.
Kundig, denn vermöge seines Klangs
mag er bereit sich halten über offner Seite,
an Worte gelehnt, oder daß sie mit dem Ton
die Luft durchstoßen und darin ruhn. Nicht als
    oberstes Vermögen,
doch unfehlbar, wenn sie dies wollen, in einer
    Ordnung.
Denn folgsam sind sie, die Worte, und halten sich
    gelehrig
an ihre Tugend und unumschränkt
nehmen sie ihren Platz ein, zeigen unterm Licht sich
auf eines Menschen Zunge, die voller Eifer ihnen
    Ausdruck gibt.
Die Hand verlangsamt
die Bewegung, wenn sie sie findet;

nein: wenn sie sie entdeckt, nützlich, indes sie
strahlen, enthüllen sie;
sonst aber verflüchtigen sie sich enttäuscht.

Zuweilen alleingelassen, schlafen sie,
sind Wohnstatt endlich eines unversehrten Feuers,
das auch gestorben nicht vergißt,
schwach ist sein Erinnern, doch mag man dort es
suchen.

Alles ist tiefe Nacht.
Sterben heißt Worte, Aufbruch, Glas, Wolken
vergessen,
und sich an eine Ordnung halten
unsichtbar bei Tag, aber gewiß in der Nacht, im tiefen
Grund.
Dort ist die Erde streng,
keine andere Liebe erlaubt sie als die ganze Mitte.
Keinen anderen Kuß als den sich selbst.
Keine andere Liebe als die erstickte und deshalb
strahlende.

In den tiefen Nächten
finden Entsprechung
die verlassenen oder schlafenden Worte.
Wer kennt oder vergißt sie auf fliegenden Blättern?
Manchmal vielleicht, wer weiß, werden sie erklingen,
in einigen wenigen brüderlichen Herzen.

Die Jahre

Sind die Jahre ihr Gewicht oder ihre Geschichte?
Was am schwersten fällt, ist langsam
fortzugehen, liebend noch, mit einem Lächeln. Und sie
sagen: »Jung,
ach wie jung du bist . . .« Bis du Schein oder Wesen? Die
Sprache ist gerecht.
Dann gehen diese überraschenden Gestalten vorbei. Denn
das Auge – noch ist es ja lebendig – schaut
und ahmt das Gold der Haare nach, die rosige Haut, weiß
plötzlichen Elfenbeins. Das Lachen ist hell
für alle, auch für ihn, der es lebt und hört.
Doch werfen die Jahre etwas aus
wie eine trübe runde Helligkeit,
und er marschiert im verhaßten Feuer des Leuchtturms.
Und ist nicht kenntlich
oder doch kaum, denn ungesehen geht er vorbei und
verhüllt für immer.

Unmöglich das Glas oder die Luft zu zerschlagen, rund
beides, unaufhörlicher Kegel, in dem etwas steckt:
ein Wesen noch, das sich bewegt und weitergeht,
unsichtbar jetzt.
Während die anderen, frei sind sie, über den Weg kommen
und blenden.
Denn Blenden heißt sein Leben in kühlen Strahlen
ausschicken.
Aber wer allein vorbeigeht, sein Alter
schützt ihn, kommt über den Weg und wird nicht
wahrgenommen. Die Luft bleibt unbewegt.

Er hört und nimmt wahr, denn die seltsame Mauer
raubt ihm das Licht, aber Luft ist sie
für das einfallende Licht, es durchdringt die schneidende
Linie.
Wen die Seele verlassen, der kommt, lebend noch, aufrecht
über den Weg.

Die Alten und die Jungen

Jung die einen, gehen vorbei. Dort gehen sie, einer nach
dem andern,
nichts wissen sie von dem erhabenen Abend, der sie salbt.
Wie diese langsamer gehenden
Alten sind auch sie im Gespann
des letzten Strahls der untergehenden Sonne.
Jene aber haben einen Sinn für die Feinheit des weichen
Abends.
Leicht berührt sie die Sonne und sie ertragen
ihr mildes Licht: eine Wohltat – und es sind deren nur
noch wenige! –,
und langsam gehen sie vorüber auf dem hellen Pfad.

Das erste Grün der frühen Jahreszeit.
Ein jugendlicher Fluß, mehr Kindheit eines nahen Quells,
und das angehende Grün: junge Steineichen,
Wald hin zum Hafen in schnellem Aufstieg.
Zu schnell. Denn die Alten gehen nicht mehr in seinem
Rhythmus.
Und die Jungen, die ihnen den Schritt nehmen, überholen
sie blicklos, gehen weiter, ohne sie anzusehen.
Die Alten sehen sie an. Sie, die
am Ende des Lebens, an seinen Rändern
innehalten, ohne zu fallen, als wär's für immer,
sind standhaft.
Die jugendlichen Schatten ziehen weiter, und brauchen
sich auf, sind unbeständig,
von Durst bedrängt und vom Hauch gestillt.

Wie Moses ist der Alte

Wie Moses oben auf dem Berg.

Jeder Mensch kann dieser sein
und das Wort bewegen und die Arme heben
und spüren, wie das Licht aus seinem Antlitz
den alten Staub der Wege kehrt.

Denn dort ist der Sonnenuntergang.
Schau zurück: die Morgendämmerung.
Voraus: mehr Schatten. Und es hatten die Strahlen sich auf
ihn gerichtet!
Und er hebt die Arme und verkündet das Leben von
seinem Tod in Einsamkeit.

Denn wie Moses, stirbt er.
Nicht mit den vergeblichen Tafeln und dem Siegel und
dem Blitz in der Höhe,
sondern zerstört ist das Geschriebene auf der Erde,
versengt
das Haar, verbrannt das Ohr von den furchtbaren Worten,
und Mut noch in den Augen und in der Lunge die Flamme,
und im Munde das Licht.

Daß man stirbt, genügt ein Sonnenuntergang.
Etwas Schatten im Strich des Horizonts.
Eine Unruhe von Jugendlichkeit, Hoffnungen, Stimmen.
Und weiter weg die Folge, die Erde: die Begrenzung.
Was die anderen sehen werden.

Ernste Stunden

Es gab Jahre, da war ich anders,
oder war ich derselbe. Ich rief Fürstentümer herauf,
niedere Vollstreckungsbefehle
oder Sieg ohnegleichen. Trübsinn immer.
Ich liebte alle die, die ich nicht wollte. Und hörte zu lieben
auf, die ich besaß.
Mauer war das Meer, vielleicht schwerelose Brücke.
Ich weiß nicht, ob ich mich kennenlernte oder ob ich übte,
mich zu verkennen.
Ob ich die Fische respektierte, lebendiges Silber in den
Stunden,
oder ob ich versuchte, mir das Licht zu unterwerfen. Tote
Worte hier.
Ich erhob mich mit Erhitzung, schwieg mit Schatten und
spät.
Lüstern brannte ich. Sang Asche.
Und tauchte ich ein Antlitz ins Wasser, erkannte ich mich
nicht. Narziß ist traurig.
Ich entsprach den Umständen. Fluchte den Sphären
und diente der Materie ihrer eitlen Musik.
Mit beflissener Haltung, ohne zu wissen, ob ich bestand.
Wollte in der Menge ihren Schatten trinken
wie einer, der Wasser trinkt in trügerischer Wüste.
Palmen ... Ja, ich singe ... Aber niemand hörte mir zu.
Die Dünen, die Strände pulsten schlaflos.
Arglistig lauschte ich zuweilen einem Schatten,
der über einem vorgestellten Leib flieht. Oder allein
spucke ich aus. »Verdorre.«
Aber ich verdorre nicht. Schlafen, schlafen ... Oh! »Geh
zugrunde!«

Letztes Angesicht

Der Verfall fügt Wahrheit hinzu, aber er schmeichelt
nicht.
Oh, der Unbestand des Glücks
läßt sich nicht verwischen, denn es ist die Zeit.
Gewiß sein schmerzhafter Irrtum, sein trauriger Rest.
Vielmehr sein verbogenes Bild,
sein eingeprägter Rückstand: dort der maskenlose
Schrecken,
denn nicht der Alte ist die Maske, sondern eine andere
schamlose Nacktheit;
jenseits der Haut schaut sie hervor,
ohne Würde. Unordnung: was wir sehen, ist nicht das
Antlitz.
Deshalb, wenn der Alte seine leere Einbildung erheiternd
zur Schau stellt, sieht er sich hinter Gittern,
entwürdigt, Erinnerung irgendeines Lebens, und er zeigt
die angefressene oder angenagte spitze Nase, das
widerborstige Haar,
Werg, trüber Tropfen das Auge und Lücke oder Schlund,
wo der Mund war und nicht mehr ist. Eine trockne Wunde
dort öffnet sich noch und äfft einen Laut nach: trauriger
Blasebalg.
Die Eckzähne in die Eisen geschlagen, ein kaputtes
Murmeln
zwischen den gelblichen Hauern,
die, wenn sie sind, einer anderen Gattung gehören. Längst
nicht mehr menschlich.
Hinter dem Antlitz dort bleibt ein Schrei, ein Geheul
in der Schwebe, zeitloses Mienenspiel ...
Und hinter den Gittern dort erblicken wir die letzte Lüge.
Das nicht mehr Leben.

2

Die Vergangenheit: »Villa Pura«

Hier in dem kleinen Haus
drei Bäume davor, die Türe angelehnt, der Klang:
alles hält stand oder ist tot,
wenn ich hindurchgehe. Ich erinnere mich: »Villa Pura.«
Rein wovon; vom Wind.
Hier hat das Kind
einmal die Angst auf die Füße gestellt.
Hier hat es den toten Strand betrachtet,
den Schlamm wie ein Handschuh,
das Licht wie seine blassen Wangen
und das Altgold, wenn es
aufs Haar einen Kuß drückte
ohne ein Gestern, Heute, Morgen.
Die Blätter sind gefallen, oder stiegen sie heut
von der Erde zum Baum,
und noch spielen sie
Leidenschaft, Dasein, Rauschen. Und ich gehe hindurch
und sie geben keinen Schatten,
also sind sie. Und es gibt keinen Rauch.

Wachen. Leben. Ich
kann nicht
darf mich
nicht erinnern. Nichts lebt. Ein Vorhang, windbewegt,
und den es nicht gibt. Ich schweige.

Wie das Meer die Küsse

Ohne Bedeutung sind die Embleme
und auch die eitlen Worte, die ein Hauch nur sind.
Bedeutend ist das Echo dessen, was ich gehört und
erlausche.
Deine Stimme, die gestorben lebt, sowie ich, der im
Vorbeigehen
hier noch zu dir spricht.

Du warst stärker,
dauerhafter, und nicht weil ich dich küßte,
noch weil ich durch dich mich fester an das Leben band.
Sondern dem Meere gleich,
daß wenn es den Sand überfällt, ängstlich versinkt.
Grün oder schäumend entfernt glücklich sich das Meer.
So wie das Messer ging und kam, kommst du nie wieder.
Vielleicht weil an endlosem Strand
angespült, ich dich nicht finden kann.
Die Spur deines Schaums,
wenn das Wasser geht, bleibt an den Rändern.

Nur Ränder finde ich. Nur den Faden von Stimme, der in
mir bleibt.
Wie Seetang deine Küsse.
Magisch im Licht, und tot kehren sie wieder.

Jugendbild in späteren Jahren

Im Werden vergeuden sich die Worte,
die Tod, Erstaunen sagen.
Wie in einem Doppelklang entsteht ein Kuß oder ein
Raunen.
Erkennen ist lachen, und es lacht die Morgenröte.

Sie lacht, denn die Erde ist eine Brust, die zuckend schlägt.
Ungebrochenes Gelächter, das nicht Klang ist aber Leben,
Licht nämlich, das etwas
ausatmet, eine Brust: der Planet.

Der ist ein vergnügter Leib.
Es ist gleich, was er trägt,
wenn es nur sein unendlicher Pulsschlag ist im
Weltenraum.
Wie ein schwebendes Kind, wie ein Kind im Glück.
So blickte Jugend um sich und sah die Welt, lebendig.

Vielleicht zwischen zwei Küssen,
vielleicht in den Schoß eines Kusses:
So ein Gefühl zwischen zwei Lippen.
Es war ein frisches Lachen, seins oder das der Welt.

Aber die Welt dauert fort,
nicht nur zwischen zwei Lippen: der Kuß endet.
Aber die Welt in ihrem Lauf,
frei ist sie, und ist wie ein Kuß,
auch wenn dieser schon gestorben ist.

Endlich

Ein Wort mehr, und es klang ungenau.
Ein Echo manchmal wie ein frühes Lied.
Dann wieder entzündete es sich wie Zunder.
Zuweilen hatte es den Klang großer Bäume im Schatten.
Ein weites Flügelschlagen: Adler, Erhebungen,
    Herzklopfen, die dritte Ordnung der Engel.
Dann, höher hinauf, mehr Licht.

Mehr Licht oder jäher Schatten.
Der zerstreute Klang und das Schweigen der Welt.
Die Trostlosigkeit
randloser Leere.

Und jäh dann das letzte Wort,
Zärtlichkeit des Wassers im durstigen Mund,
oder war es der sanfte Tropfen auf erblindeten Augen,
die das Leben und seine Feuer verbrannt hatten.

Oh soviel Friede der Schlaf.

Einige wenige Worte

Einige wenige Worte
in dein Ohr möcht ich sagen. Schwach ist der Glaube eines
unschlüssigen Mannes.
Lange leben ist Dunkelheit und jähe Erfahrung bringt kein
sich Erkennen.
Aber auch so möcht ich es sagen. Wiederholen doch meine
Augen, was sie abbilden:
deine Schönheit, deinen Namen, das Tönen des Flusses,
den Wald, die Seele, wenn sie allein ist.

Alles hat er gesehen und sie bewahren es. Das sagen die
Augen.
Wer sie sieht, dem antworten sie.
Aber nie stellen sie Fragen.
Nehmen sie doch nach und nach
vom Licht die Farbe auf und vom Gold den Schlamm
und von jeder Begierde den strahlenden Bodensatz,
Küsse sind ihnen nicht fremd noch Raunen oder Düfte;
große Bäume haben sie gesehen, verschwiegenes
Murmeln,
erloschene Scheiterhaufen, Glühfeuer, Erzgänge, Asche,
und das Meer, das Meer in der Tiefe mit seinen trägen
Gräten,
Überresten schöner Leiber, die von den Stränden
zurückgegeben werden.
Einige wenige Worte, während jemand schweige;
die des Windes in den Blättern, während ich deine Lippen
küsse,
einige klare Worte, während ich in deinem Schoß schlafe.
Es tönt das Wasser auf dem Stein. Solange bin ich still und
tot.

Worthalten

1
Die Jugend verspricht, und sie hält Wort.
Oh welch langes Wort. Wind in den Blättern.
Worthalten, dennoch unsichtbar. Brise im Rauch.
Die Jugend verspricht (und währt und schläft).
Und schlaflos in der Nacht!
Aber Tag wird es nun nicht mehr.

2
Wenn man sieht und hört, hat man gelebt.
Ein Kuß, ein reines Wort. Ein Klang. Zwei Formen.
Eine Welt oder herausragende Gestalt. Hier die Hände.
Fühle. Fühle oder küsse. Du hast geschlafen.
Mögest du nie erwachen.

3
Es ist nicht spät. Nie ist es spät.
Daß man stirbt, genügt ein kleines Geräusch.
Das eines anderen Herzens, wenn es stille steht.
Es ist nicht spät. Hörst du? In der Nacht hört man
das angrenzende Schweigen. Stumm, zerbrechlich.

Lied von der Tag-Nacht

Meine Jugend war Königin.
Für einen Tag wenigstens. Sie verliebte sich in einen
Nordstern.
Kompaßrose. Windrose. Im Kreis.
Sie verliebte sich in einen Tag.

Ging weg, ward Königin der Gewässer. Habicht in den
Lüften. Feder.
Verliebte sich nächtlich. Unterm Meer die Lichter.

Alle die tiefen Lichter sehr tiefer Morgensterne.
Sterne im Abgrund. Wie die hohen Fische.
Verliebte sich in den Himmel, und trat auf Lichter.
Und ruhte aus den Winden, während sie auf Wellen
schlief.
Glitt herab in Kaskaden und lächelte in der Gischt.

Verliebte sich in eine Ordnung. Und zerrüttete ihre
Regeln.
Und stieg sie in Abgründe, stürzte sie sich in Himmel.

Ach, Einheit des Tages, an dem in Liebe es Nacht ward.

Ablauf

Erkennen ist nicht Wissen.
Wer lauschend lernte; wer litt oder genoß;
wer in Einsamkeit starb.
Sie alle gehen oder eilen, doch gehen sie langsam immer
im schnellen Wind, der sie dorthin zieht.
Gegen den Strom schwimmen sie, weichen aber zurück,
und vom Wasser getragen, während sie sich flußaufwärts
mühn,
kommen sie mit dem Rücken zur Mündung.
Es ist der endgültige Schluß, in dem sie untergehen.
Freies Meer, das dunkle Meer, in dem sie ruhen.

Ohne Glaube

Du hast dunkle Augen.
Glänzende Lichter, die Dunkelheit versprechen.
Oh wie gewiß deine Nacht ist,
wie ungewiß mein Zweifel.
Ich sehe in der Tiefe das Licht und einsam glaube ich.

Einsam, also gibt es dich. Dasein heißt leben im blinden
Wissen.
Denn dunkel näherst du dich,
und in meinen Augen ist die Spur
von mehr Licht, und ihr Glanz ist nicht der des Sehens.

Sie glänzen nicht, denn sie haben erfahren.
Erfahren ist erkennen? Ich erkenne dich nicht und wußte.
Erfahren ist ermutigen mit offenen Augen.
Zweifeln . . .? Wer zweifelt, ist. Nur das Sterben ist eine
Wissenschaft.

3

Wer einmal war

Der entbundene Mond hat sich über die Menschen
ausgegossen. Das Tal in seiner Gänze ist gestorben.
Der Schatten durchdringt sein Gedächtnis, und gedachter
Staub sei er, falls es ihn gab. Und nicht Traum.
Das Gestein der Erde war Vorbote der Materie;
ein Trachten war hier der Mensch.
Ein verschlungenes Gold, ein kalter Wind:
Dieser gesammelte Atem ist eine Wolke.
Sie will dauern. Kein Stein. Der Mensch liebte.

Das vorgestellte Geschöpf ist. Aber genügt nicht.
Könnte nicht genügen. Genügte nie!
Vorgestellte Liebe... Wenn es einen gab, der es konnte
und es sich ausmalte,
so hat einer, dessen Blicke schlaflos waren,
seine Augen argwöhnisch gemacht, und er träumte ein
Feuer.

Lieben ist nicht Glut, wohl aber ihre Erinnerung.
Die ersonnene Glut leuchtet.
Die unruhigen Schatten, die verzehrt werden
– schmal, leicht, wie versengtes Papier –
von einem gierigen Verstand, der nicht mehr gesehen hat.
Das Denken allein ist nicht sichtbar.
Wer sieht, erkennt, wer gestorben ist, schläft.
Wer sein konnte, war nicht. Niemand hat ihn geliebt.

Ganz in Frage gestellter Mensch, nie
warst du ohne Zweifel, nie erschaffen
oder erkannt.
Wer lieben konnte, hat nicht geliebt. Wer einmal war, ist
nicht gewesen.

Äußerste Tiefe

Wir haben
schrankenlose Gesichter gesehen, Vollkommenheit
anderer Grenzen,
ein aufstrebender Berg, sein scharfes Profil,
und dort das Meer, und nur ein einziges Schiff
in den Dornen wie in Wellen treibend.

Doch wenn der Schmerz zu leben sich wie flüchtiger
Schaum
absetzt in der Erfahrung, Tag um Tag zu sterben,
genügt nicht ein Wort, um sein Gedächtnis zu ehren,
denn der Tod wie im Blitz das Licht belagert uns.

Vögel und Klagerufe, Einsamkeit von mehr Küssen,
Menschen, die wie Sinnbilder an der Mauer um Erlösung
flehen.
Und weiter weg das Meer, das sehr trockene Meer, wie ihr
Schoß, und aufgebracht.
Seine Erinnerungen, das sind faulende Fische in der Tiefe.

Mag es Küsse und Leben regnen, die eine Welt
bevölkerten.
Bändigt eure Echos, die noch mehr Namen wiederholen.
Gedächtnislos haben uns die Stimmen gerufen, und taub
oder eingeschlafen schauen wir auf die zu Liebenden, die
schon gestorben sind.

Die Jungen

I

Manche schauen gelassen.
Schwarzbraun, wie Gestein fast, ruhig,
wären wie der Stein Leben, und sie singen.
Es singt der Stein, es singt, wer gelebt hat.
Die ruhigen Gesteine wissen nicht
was Tod ist, und ihre schwarzbraune Glut ächzt im
    Schatten.

Jung sind, die sachte auftreten. Es sind Betrübte unter
    ihnen,
denn Trübsinn ist Jugend oder der Kuß,
Zahlreich sind sie wie Küsse, und auf der Lippe
brennt die Sonne nicht, sie läßt sich nieder.
Auf der fleischigen Lippe lebt der Tag.
Die Nacht verstreicht in ihnen: sie ist ihr Schatten.
Sie vergehen langsam und rauben die Morgenröte.
Wenn sie will, die Jugend, zieht sie aus.
Oh die absolute Jugend. Viele sind es,
sie sind wie das Meer, und sie nahen wie die Welle.
Ihre Wellen kommen eine nach der andern. Ein stetiges
    Meer, endlos, es stillt
den Durst des Ufers oder der Welt. Und sie sind langsame
    Wasser, sicherer,
und lieben
wie der Strand, der küßt was ihn zerstört.
Das Meer, das Meer. Die Jugend hat nicht geglüht, doch
    ist sie verbrannt.
Und es bleibt auf den Stränden das glänzende Wasser.

2
Andere, unsichtbarer noch, sind Lebende,
sind Lachende. Die Leiber gehen vorbei.
Nur das Licht sagt es. Vollkommenes weil
bewohntes Licht. Nicht der Sonnenstrahl, der brennt und
flieht,
sondern der auf der Haut sich zögernd hält
mit des Menschen glänzender Wellenbewegung
insgesamt.
Das ganze Leben ist Licht und Wellen schlägt es
im Strahl: das sind die leuchtenden Generationen,
die einst waren und noch leben, noch bestehen.
Und dort im Licht, sie das Licht, erreichen sie dich,
sind selber Jugendzeit der Welt.

3
Sichtbar noch mehr Jugend. Es sind die nicht Toten,
also die nicht Geborenen.
Es sind die Vorgestellten.
Nicht in der Nacht oder in der Idee,
in der Morgenfrühe ist oder dauert
ihr Bild wie ihr Gedanke. Das Licht
währt glücklich, oh, es ward nicht berührt,
denn
wer nicht geboren wurde, befleckt nicht. Lichter Alles:
Einbildung. Oh unbefleckter Gedanke.
Schön wie nur der unverletzte Gedanke:
ein Schimmer.

Letzter Mond

Überführte träumerische Luna.
Nie kannte ich ihren Namen.
Sie sagte Maria oder Luisa. Ich lachte. Dein Name ist
Luna.
Luna die Verschwiegene, oder Luna die aus Holz.
Aber Luna. Und sie schwieg.
Wie denn nicht, denn im Schlaf
ist sie ein Fisch, ein weißer Fisch, von
allen Erinnerungen gesäubert, von den traurigen Gräten,
von ihrem schmerzlichen Tageslohn. Und sie schläft
wie eine Tote, in einem See von Plagen,
sehr beweinter Plagen und vergossener
Tränen,
die Schmerz nicht mehr sind, nur Wasser,
Wasser in Einsamkeit, lichtlos
wie der tote Mond selber.

Der Komet

Die lange Mähne hat etwas Betrübtes.
Vielleicht ist ihr Leben kürzer
als das der Sterne, auch wenn diese nur erdacht sind. Und
sie flieht.
Flieht wie der Komet.
Wie der Komet »Haléy« in meiner Kindheit.
Ein Kind schaut und glaubt.
Sieht die lange Mähne
und schaut und sieht den Kometen-
schweif, den ein Kind in den Himmel hißte.

Aber es hat der Mann gezweifelt.
Jetzt sieht er den Himmel, wie er
von leuchtenden Furchen durchzogen wird.
Glauben wird er niemals, und er lächelt.
Erst später kehrt er zurück
in den Glauben und sieht Schatten.
Mit seinen weißen Haaren sieht er
Dunkelheiten und glaubt. Alles Blinde ist blind,
und er glaubt. Glaubt an die Trauer ganz und gar, die er
ertastet.

Und so gehen vorbei
Kinder und Männer. Der Mann zweifelt.
Der Greis weiß. Nur das Kind erkennt.
Alle sehen dem sprühenden Schweif nach.

Wenn jemand mir gesagt hätte

Wenn einmal du mir hättest
sagen können, was du mir nicht gesagt hast.
In dieser nahezu vollkommnen Nacht bei der Höhle,
in dieser kühlen Sommernacht.
Als der Mond sich entzündet hatte;
es verglühte die Quadriga; unterging das Gestirn.
Am nächtlichen, zu hohlem Blei geronnenen Himmel,
ist nichts als Schmerz,
denn dort sind Erinnern, Einsamkeit und Vergessen.
Und sogar die gespiegelten Blätter fallen. Sie fallen,
dauern. Leben.

Wenn jemand mir gesagt hätte.
Ich bin nicht jung und bestehe. Und meine Hand bewegt
sich.
Kriecht durch den Schatten, erklärt ihre Gifte,
ihre geheimnisvollen Zweifel vor deinem lebendigen Leib.
Lang ist es her, daß die Kälte
ihren Jahrestag feierte. Der Mond fiel ins Wasser.
Das Meer schloß sich und grünte in seinem Glanz.
Es ist lange her, sehr lange,
daß es schläft. Langsam schweigen auch die Wellen.
Der Schaum tönt weiter, nur in Stille.
Es ist wie eine traurige Faust,
und sie packt die Toten und deutet sie
und schüttelt sie und schlägt sie gegen die wilden Felsen.
Und bespritzt sie. Denn die Toten, werden sie geschlagen,
gegen den listigen Granit geschmettert,
zerspritzen. Sie sind Materie.
Und sie stinken nicht. Sie sind noch toter,
und sie breiten sich aus, sie decken zu und machen keinen
Lärm.

Es sind fertige Tote.
Vielleicht noch nicht angefangene.
Einige haben geliebt. Andere redeten viel.
Und sie erklären sich. Umsonst. Keiner hört den
    Lebenden zu.
Aber die Toten schweigen mit einem viel genaueren
    Schweigen.

Wenn du mir gesagt hättest.
Ich erkannte dich und ich bin gestorben.
Fehlt nur noch, daß eine Faust,
eine elende Faust mich schlägt,
mich aufrichtet und mich niederschmettert
und daß meine Stimme sich ausbreitet.

Intermedium

Bekanntschaft mit Rubén Darío

Die Augen schweigen.
Das verbrauchte Tageslicht hat sich zurückgezogen,
und er betrachtet den Widerschein. In der Tiefe, Grenzen.
Die unmöglichen Grenzen des Tages,
an die er rühren könnte. Seine »Hände eines Marquis«
sind fleischig und von wirklicher Materie
geschwollen. Sie betrachten und erkennen, denn sie
wissen.
In der Tiefe die Abenddämmerung.
Die Hand in ihr Feuer legen ist Wissen,
indes du dich bewegst, indes du dich verbrauchst.
Als du es wußtest, hast du
deine natürlichen Hände
ins nicht irdische Licht, das die Morgenröte denkt,
gehalten.

Mehr glänzten in diesem Licht deine flüchtigen Augen,
Zuträger des Guten, der geliebten Welt.
Denn du hast erfahren, daß die Liebe nicht täuscht.
Lieben ist erkennen. Wer lebt, weiß.
Nur weil sie Wissen ist, warst du lebendig.

Die Wärme der Welt brannte auf der Lippe.
Volle, sehr langsame Lippe, die das Leben
streifte; da warf sie sich auf: dort eingeprägt das Leben.
Für einen Kuß hast du gelebt, dazu ein Kosmos.

Dein Mund wußte von den reichlichen Wassern.
Von der Schlacke und ihrer Wunde. Und auch von der
Steineiche dort.
Das riesige Blatt und sein lebendiges Schweigen.
Wie von Perlmutt. Triton, die Lippe bläst.

Aber offen ist das Meer. Du bist über einen Rücken
gerudert.
Leichter Delphin mit deinem unbeschwerten Leib.
Und auch Nereiden. Deine Brust eine Welle,
und so bist du über die Welt gefahren. Strände ...

Rubén, eines Tages hast du mit ausgestrecktem Arm
Schäume oder Farben gerührt. Du schaust.
Wer schaut, sieht. Wer schweigt, hat schon gelebt.
Aber deine Augen des Erbarmens,
deine langgestreckten Augen, die sich nach und nach
öffneten; deine nie gekannten schönen Augen,
sie schauten mehr und sahen in der Dunkelheit.
Dunkelheit ist Klarheit. Rubén der Zweite und
Nachgeborene.
Rubén, der du aufgerichtet im Seenebel deinen
Weg bahnst. Verschwiegener Rubén, der du im Schauen
entdeckst.
Im Innern ist Licht. Verschwiegenes Licht, wenn auch
entzündetes,
verbranntes. Das sanfte Brennen bedeckte nicht ganz
deine
Pupille. Es drang in tief in sie ein.
Wer dich anschaute,
erkannte
eine Welt.

Weder Klänge noch Glut und nicht die kalten Düfte,
sondern ihr bis in die Farbe taggewordenes
Denken. So wie in der Rose die Wange
ist. So das Erkennen in der Traube
und dem Zahn. Im Licht das Auge.
Wie in der Quelle das vollständige Meer.

Rubén ganz und gar, der im Vorübergehen du
in deiner Gestalt versammelst das Gestern, angekommen,
das Heute,

das du betrittst, und unser gemeinsames Morgen.
Wer ist, schaut zurück und sieht, was wir erwarten.
Wer etwas sagt, sagt alles, und wer
schweigt, redet immerzu. Wie du, der
du sagst, was sie gesagt haben, und siehst, was sie nicht
gesehen haben,
und redest, was sie dunkel nennen werden. Denn du warst
erfahren.
Wissen ist erkennen. Heller Dichter. Harter Dichter.
Wirklicher Dichter. Licht, Gestein und Mensch:
alles und allein.
Wie die Welt allein ist
und uns einschließt.

4

Etwas kommt quer

Die Jugend täuscht
mit wahrheitsliebenden Worten. Dann sind es Taten,
Aktion, die Luft; ein Mienenspiel. Unerwartet nur der
Mond.

Bekommen was du bekommst ist ein leeres Wort.
Es ist dasselbe und anders.
Denn die Luft wird von diesem Wind
ungestümer noch durchschnitten, und ist doch derselbe
und ein anderer.
Niemand sieht ihn, und er trägt
Worte, Stimme, Samen,
Lichtstrahlen, Erinnerung,
Überbleibsel gekrümmter Menschen
oder ihre wenige Asche.
Nichts ist sichtbar: es ist dasselbe. Die Lebenden atmen,
wenn er vorüberweht, und übersehen wird er,
wo man sich von seiner Stimme ernährt.

Glückseligkeit, du täuschst nicht

Glückseligkeit, du täuschst nicht.
Ein Wort war oder würde sein, und süß
ruhte es auf der Lippe. Wie
ein Geschmack
von Honig, vielleicht
mehr noch wie Meeressalz.
Wie Meerwasser oder frisches Grün
der Fluren. Vielleicht wie das robuste Grau
des Granits oder der Macht, die du dort versuchtest.

Die Schwere der Welt liegt deutlich
vor deinen Augen. Nein, such nicht
auf deiner Lippe die Blondfarbe des Kusses,
welcher Honig ist mit seiner Bitternis; die kann
überleben. Leben oder nicht leben heißt nicht,
eine Wahrheit übersehen. Nur die Lippe schmeckt
nach ihrer letzten Begierde: Erinnerung,
Vergessen.

Sie kennt es nicht

Die Jugend kennt es nicht, darum währt sie und dauert
fort.
Wohin geht ihr? Und es bläst der Wind, treibt
an die Eiligen, die fast im Kreis sich drehen und mit dem
Wind, dem Wind
leichtfüßig am Meer gehen: den Fuß auf Schaum.

Leben. Leben ist jung sein und nichts mehr. Hör zu,
hör zu ... Aber der verschwiegene Klang
gibt sich nicht zu erkennen
außer auf den Lippen der Jugend.
Im Kuß hören sie ihn. Nur sie
mit ihren scharfsinnigen Ohren,
sie können es oder sie lauschen.
Rotes geküßtes Fruchtfleisch, das sie sprechend formen.

Grenzen und Spiegel

I

Bestehe nicht darauf. Die Jugend täuscht nicht. Sie glänzt
im Alleinsein.
In einer nackten Brust stirbt der Tag.
Nicht Worte sind es, die mich täuschen.
Sondern das reine Schweigen, das hier geboren wird.
An deinen Rändern. Die schweigsame Linie begrenzt
dich.
Aber sie engt dich nicht ein. Oh, deine Wahrheit, die hier
in Zeiträumen schlägt.

2

Nur ein nackter Leib zeigt Ränder.
Wer sich beschränkt, besteht. Du auf der Erde.
Welch andere Erde faltet sich auf
und ordnet sich und leuchtet und – mit einem Wort –
entzündet sich,
Haut oder Harz oder Leib, groß und pulsend,
in Flammen. Oh, wenn leben sich verzehren heißt, so
stirb!

3

Doch wer stirbt wird geboren, und noch bist du.
Dieselbe? Ein Gesicht ist kein Spiegel, auch wenn es das
Mienenspiel wiederholt. Vielleicht seine Stimme, im
Spiegel gefriert des Klanges
Bild. Wie konnte die Lippe auf dem Glas Spuren
hinterlassen!
Der Hauch nur dessen, was du lieben könntest.

Gesicht hinter Glas
(Der Blick des Alten)

Entweder spät oder bald oder nie.
Aber hinter der Scheibe dort das Gesicht bleibt beharrlich.
Neben natürlichen Blumen zeigt sich die gleiche Blume
als Farbe, Wange, Rose.
Hinter der Scheibe ist die Rose immer Rose.
Aber sie duftet nicht.
Sie selber ist die ferne Jugend.
Aber hier wird sie nicht gehört.

Nur das Licht dringt durch das jungfräuliche Glas.

Du wartest

Eine Stadt in der Tiefe wartet auf einen Wind.
Du ziehst mit ihm. Wer sieht, täuscht sich.
Wer nicht hinsieht, erkennt.
Vieles Hinsehen ward Licht: Blind deine Augen.

Schweig. Der Schatten rückt vor. Es ist die in noch
tieferem Schlaf liegende Stadt.
Nächtlicher Staub und Augen,
Augen in diesem dunklen Nebel, droben die Nacht.
Schweig. Auch die hingestreckte Einsamkeit schläft.
Allein, nackt,
wartest du.

Es regnet

An diesem Nachmittag regnet es, und es regnet
dein lauteres Bild. In meiner Erinnerung öffnet sich der
Tag. Du kamst herein.
Ich höre nicht. Das Gedächtnis gibt mir nur dein Bild.
Nur dein Kuß oder der Regen fällt in die Erinnerung.
Es regnet deine Stimme, und es regnet den traurigen Kuß,
den tiefen Kuß,
den regennassen Kuß. Die Lippe ist feucht.
Feucht von Erinnerung weint der Kuß
vom grauen Himmel herab,
der zart ist.
Es regnet deine Liebe und näßt mein Gedächtnis,
und fällt und fällt. Der Kuß
in die Tiefe fällt. Und grau noch immer fällt
der Regen.

Geboren aber

Wer hinsah und wer nicht sah.
Wer liebte in Einsamkeit.
Der Jugend Puls in den Händen.
Wie eine Opfergabe für einen toten Baum.
Für einen toten Gott oder mehr noch,
für einen unbegrabenen Gott.
Wer litt und genoß, wer schaute in Einsamkeit.
Wer sah und nicht verstand.

Denn wer sah und hinsah, ward nicht geboren. Und lebt.

Der Dichter erinnert sich seines Lebens

»Leben, sterben, schlafen: vielleicht auch träumen!«
HAMLET

Verzeiht mir: ich habe geschlafen.
Und schlafen ist nicht leben. Friede den Menschen.
Leben ist nicht seufzen oder Worte, die uns noch leben
werden, vorausahnen.
In ihnen leben? Die Worte sterben.
Schön sind sie, wenn sie erklingen, doch nie dauern sie.
So diese helle Nacht. Gestern bei der Morgenröte,
oder wenn der vollbrachte Tag den letzten Strahl
ausstreckt,
und vielleicht dein Gesicht trifft.
Mit einem Pinsel aus Licht schließt er deine Augen.
Schlaf.
Die Nacht ist lang, aber schon vorbei.

Höhle der Nacht

Schau ihn an. Indes ich dich küsse, sage ich es. Schau ihn
an.
In dieser dunklen Höhle, schau ihn an, schau ihn an
meinen Kuß, meine letzte Dunkelheit, die in endgültiger
Nacht
bedeckt deine leuchtende Morgenröte.
die schwarz
anbricht und als Sonne in mir kündet
von einer anderen Wahrheit. Die du, unergründlich,
verkennst.
Von deinem Sein kommt meine Helligkeit ganz
aus dir, meine todbringende Morgenröte, die als Nacht
sich entfaltet.
Du, meine Nächtlichkeit, Licht bist du, das mich blendet.

Entschwundene Liebe

Untadelig war hier das Licht: vielleicht ein Leib.
Strahlen liebte ich, und Funken waren die Küsse, und
kamen zu Tode.
Denn wer sich erinnert, verschweigt
einen Klang, nicht aber manchen Glanz.
Licht noch im Schweigen und kein Ende.

Nicht zu vergleichen sind mehr Küsse,
mehr grausame Worte
mit dem überkommenen Schweigen, das man noch hören
kann.
Angespannt, dicht. Ist es blau? Himmel. Und Wolken sind
es.
Weiße Wolken, ruhelos, die verwundet ziehen.

Die Toten

Maguarda e passa.
DANTE

Die schwarzen Augen wie die blauen.
Wie die lebhaft grünen. Sie alle heute geschlossen,
schlafen. Ihr Licht erstickt jetzt
ihren steinernen Blitz. Der Himmel ist hoch
und kalt. Kälter noch die Gesichter, sie betrachten nicht,
bringen keine Wahrheit hervor. Doch gibt es keine andere
    Wahrheit als hier, schlafend diese
elenden Gestalten. Schweig und geh vorüber.

Dem Tode nahe

Es ist nicht die Traurigkeit, durch die wir das Leben als
 unnütz
oder zu uns gehörend betrachten, wenn wir noch lange zu
 gehen haben, unabänderlich.
Dort der Berg, hier die gläsern erstarrte Stadt,
oder ist es nur der Widerschein der großen Sonne,
die aus der Ferne eine
Antwort
verlangt für die Lippen, die das Leben leben
oder sich erinnern.
Die Erhabenheit des Gedächtnisses, Luft ist sie
früher oder später. Seufzer sind die Taten.
Vorhang aus gelber Seide,
ein Hauch bewegt ihn, ein Licht löscht ihn aus.

Gestern

Der Vorhang aus gelber Seide,
den eine Sonne noch goldener macht und ein Seufzer
bläht.
In einem Hauch zögert das Gestern und ächzt.
Noch ist es im Raum, aber es denkt sich
oder sieht sich. Schlafend gibt wer es ansieht keine
Antwort,
Denn ein Schweigen sieht er oder ist es eine schlafende
Liebe.

Schlafen, leben, sterben. Langsam ächzt die
unvollkommene,
hauchdünne geträumte: wirkliche Seide. Wer ist, ist ein
Zeichen,
ist ein Bild dessen, der dachte, und so bleibt er.
Seide, in die sich Faden um Faden das Leben hineinwob,
und bewahrt blieb für den Atem, von dem es noch bewegt
wird.

Nicht wissen ist leben. Wissen, es zu Tode bringen.

5

Nachgelassener Kuß

Stillschweigend, so meine Lippen noch auf den deinen,
atme ich dich. Träume ich denn und lebe oder gibt es das
Leben.
Das verdächtigte Leben ist im Kuß,
der für sich lebt. Ohne uns, glänzt er.
Wir sind sein Schatten. Denn er ist der Leib, wenn wir
nicht mehr sind.

Die Grenze

Genug. Den großen Glanz deiner Augen sehen wollen,
ist nicht Beharrlichkeit. Bis ans Ende der Welt, dort.
Ich sah hin und bekam. Betrachtete und ging vorbei.
Die Würde des Menschen ist in seinem Tod.
Doch gibt der Glanz der Jahreszeiten
Farbe, Wahrheit. Das vorgestellte Licht täuscht.
Genug. An den Schatz des Lichtes – deine Augen – habe ich
geglaubt. Durch sie habe ich gesehen, konnte ich leben.
Heute, da ich mein Ende betrete, küsse ich diese Ränder.
Du, meine Begrenzung, mein Traum. Sei!

Es lebt, wer tätig ist

Eines Mannes Gedächtnis ist in seinen Küssen.
Doch nie ist Wahrheit ausgelöschtes Gedächtnis.
Das Leben an den gegebenen Küssen zählen
ist nicht heiter. Trauriger aber ist es, sie ohne Gedächtnis
zu geben.
Daran, was ein Mann tat, zählt er die Zeit.
Tun ist mehr leben oder gelebt haben
oder leben werden. Wer stirbt, lebt und dauert.

Unreiner Schlaf

Eitle Wahrheit eines noch beharrlichen Körpers.
Schwarze Augen. Mehr Licht. Fenster. Schein.
Wenn der Abend in die Nacht taucht,
kann man andere Augen vergessen. Schwarz sind sie
Nacht, und wie die Nacht machen sie blind.
Aber die Nacht ist nichts: Schlaf, unrein,
denn noch gibt es an ihren Rändern einen lebendigen
Atem.
Die dunklen Wellen verlangen.
Ich sehe nicht, nichts weiß ich. Die Morgenröte oder
niemals.

Verweilen

Zu traurig um es zu sagen.
Die Bäume täuschen. Im Glanz nur ziehen die Wasser.
Hart ist nur die Erde.

Aber ein Traum ist der Leib,
wenn man ihn ansieht, Alptraum, wenn man ihn spürt.
Vision, wenn man ihn flieht.
Stein, wenn man ihn träumt.

Schweig neben dem Felsen und schlaf.

Noch eine Wahrheit

Die Unbeständigkeit
des Windes kündigt an
eine andere
Wahrheit. Ich höre noch und niemals,
dieses niegehörte Pfeifen
im Halbdunkel.
Oh schweig:
lausche.
Aber die Lippe ist ruhig
und moduliert nicht
diesen geheimnisvollen Klang, den ich auf
der Ebene des Kusses höre. Oh daß deine Lippe
ihre Weichheit zeige, oder Sonnenstrahlen,
vor denen stumme Lippen erschrecken
wie vor einem anderen blinden Mund.
Oh unreiner Durst
nach Licht, lebendiger oder toter Durst, in einem letzten
Mund.

Der Begrabene

Die keimende Erde nimmt den letzten Kuß
an. Die Ruhe in den Armen dessen, der ohne Aufschub
liebt, stärkt das Herz. Leben, du beginnst.
Laken der Wahrheit, über die schlafende
Seele gelegt, während die kraftlos werden
die großen Arme. Ausdauernd und ganz lebendig
unter einem unmittelbaren Himmel: Erde, Sterne.

Gespensterwunsch
(Ankunft der Geliebten)

Die rote Lippe ist nicht die Spur der anhaltenden
Morgenröte, denn sie floh und bleibt.
Die weißen Zähne, sind sie die Fährte eines Kusses?
Schaum oder Stein.
Die Leichtigkeit einer Gebärde vermag sich beinah
aufzulösen. Nie hab ich dich gesehen.
So halt sie fest.

Du hast einen Namen

Dein Name,
nun, du hast ihn. Mein ganzes Leben war das:
ein Name. Weil ich es weiß, bin ich nicht.
Ein Name, eingeatmet, ist kein Kuß.
Ein Name, verfolgt auf einer Lippe,
ist nicht die Welt, aber ist ihr blinder Traum.
So unter der Erde, habe ich die Erde geatmet.
Auf deinem Leib habe ich das Licht geatmet.
In dir ward ich geboren: deshalb bin ich gestorben.

Name oder Hauch

Mein Name war ein Klang
auf einem Lippenpaar. Mehr als ein Hauch von Luft war
sein Traum.
Klang er? Wie ein gedachter Kuß entzündete er sich und
brannte.

Wie langsam, ohne Rauch, zieht der Wind vorbei!

Hintergrund mit Figur

Einige sagen: der Wind.
Andere zeigen Papier. Der Befehl. Schweigen.
Aber das Meer an der Küste ist wirklich immer da.

Der Berg ist Asche. Seht wie er brennt.
Das Leben leidet. Noch tiefer schweigen die Toten.
Über den Rand des Bechers läuft das Denken.

Alles ist Schweigen in der Ebene. Schlaf
oder ist es Traum? Aufmerksam ist das Gestein; der
    Himmel ein Boden.
Ganz langsam geht der Tote vorbei.

Anwesend, später

Genug. Nach dem Leben gibt es keinen Kuß, und ich
spüre dich.
Deine erloschenen Lippen wollen mir sagen,
daß ich lebe. Oder bin ich es, der dich ruft.
Die Lippen auf deine Gedanken legen, heißt, dich
als Verkündigung spüren. Oh ja, Schreckliche, du bist,
ich bin es, der endete, der deinen Namen als Gestalt
aussprach,
während er starb.

Aus mir Geborene;
anwesend hier, weil ich es dir gesagt habe.

Letzte Gedanken

Er ward geboren und ohne Erfahrung. Gab Antwort und
sprach nicht.

Die erstaunten Seelen schauen dich an,
wenn du nicht vorüber gehst. Nie hält der Wind sein
Wort.
Langsam und allein fallen deine Gedanken.
Fallen wie die abgestorbenen Blätter
und fallen erneut, wenn der Wind sie verstreut.
Die nüchterne Erde indes erwartet sie,
sich öffnend. Still das Herz, stumm die Augen,
dein träger Gedanke löst sich auf
in der Luft. Sanft bewegt. Ein Laut von letzten
Zweigen, ein mißlungener Traum von lebendiger Raute
breitet sich aus ... Es fallen die Blätter.

Das Vergessen

Nicht ist dein Ende wie ein eitles Glas,
das man austrinken muß.
Wirf das Gefäß weg und stirb.

Langsam hebst du deshalb in deiner Hand
einen Glanz oder seine Erwähnung, und es brennen deine
Finger
wie ein unerwarteter Schnee.
Er war und war nicht, aber es gab ihn, und er schweigt.
Die Kälte brennt, und in deinen Augen wird ihr
Gedächtnis
geboren. Sich erinnern ist obszön,
schlimmer noch: traurig. Vergessen ist sterben.

Er starb mit Würde. Sein Schatten geht durch den Raum.

Zwiegespräche des Erkennens
(Diálogos des e conocimiento)

1

Der Klang des Krieges

Der Soldat

Kam hier an. Hier bleibe ich. Traurig
zu wissen, daß der Tag der Nacht ins Messer läuft. Ewig
war das Licht in einem Paar schöner Augen.
Wie lang ist das her! Hier im Urwald betracht
ich das einzige Licht, und lebe. Denn hier
hab ich vergessen, woher ich komme. Es sind die
zähen Vögel, die überleben und die über mich
fliegen. Hier zu meinen Füßen wuchern
Lianen und spüren die Erde überall, und nichts
macht einen Unterschied. Der Himmel ist nicht anders.
Erde ist der Vogel und flieht.
Der Reiher so wie der Falke. Was für Gespenster-
vögel, was für gespenstisches
Kreischen! Das Wasser rinnt und wächst.
Mein geäderter Leib kann leben, hier,
heute. Ich bin Stein, also bin ich.

Der Hexer

Ich allein blieb. Dem Boden gleichgemacht das Dorf.
Weh, der elende
Eroberer zog vorbei. Schrot sah ich und schlimmer, Gift,
In seinem schrecklichen Blick. Und so jung waren sie.
Wie oft hab ich von einem Seufzer geträumt
als von einem sanften Tod. In meiner Tränke
tat ich das Bilsenkraut des Nichtseins und konnte
schlafen, schlimme letzte Wissenschaft.
Doch war es heute ohne Wirkung. Starren Auges
wachte ich und sah, und trocken

das eine Auge erblickte den Regen, und der war rot.
Blaß und trocken
und in seinem Innern blutend, ward es blind.

Der Soldat

Sagt nicht, daß ich schlafe. Ich weiß nicht, ob ich sterbe
oder träume.
In dieser Wunde ist das Leben, und sie allein
ist nun das Leben.
Lippen hatte ich, die Worte zeichneten.
Einen Leib, der sich aufrichtete, einen ausgestreckten
Arm,
und auch Hände welche erfaßten: Dinge,
Gegenstände, Wesen, Hoffnungen, Feuerstellen.
Ich träumte, und die Hand zeichnete die Träume,
das Begehren auf. Ich tastete. Wer tastet, lebt, wer erkennt,
ist gestorben.
Nur mein Denken lebt jetzt.
Drum sterbe ich. Weil ich nicht länger betrachte,
sondern weiß. Jung bin ich gewesen, und ohne Alter ende
ich.

Der Hexer

Ich aber sah, blickte hin. Das Blut war kein Fluß,
sondern sein schmerzliches Denken.
Das Blut lebt, wenn es preßt, stößt,
um zu strömen. Strömt es aber, stirbt es.
Wie ein Kastell, darin gefangen
die Schöne, und ein lieblicher Ritter
öffnet das Tor, und sie tritt hervor: Das Licht tötet.
So das Blut, darin das Schicksal irrt,
denn wenn es schimmert, stirbt es. Weh dies

unglaubliche Mysterium. Nur hinter Purpurlippen
wie hinter Fenstergittern läßt sich
das Schwellen des Blutes erraten. Und der Geliebte kann
küssen und ahnen, ohne es zu sehen!

Der Vogel

Wer spricht hier in der Nacht? Es sind menschliche
Gifte. Ich bin schon alt und höre wenig,
aber ich verwechsle nicht den Sang der Lerche
mit dem heiseren Eifer einer armen Brust.
Ich schau mich um und seh fast keine Luft mehr
für meine Flügel. Auch keinen Zweig für meine Ruhe.
Was für ein Umsturz ist hier geschehn? Nichts erkenne
ich.
Natur floh. Was ist das? Und ich fliege
in einer Luft, die tötet.
Tödliche Asche, darin ich treibe, und ich sterbe.

Der Soldat

Dieser furchtbare Durst. Trockne Erde, nichts.
Langgestreckt liege ich und sehe nur Sterne.
Das Licht in meiner Brust atmet Kraft
wie ein grober Irrtum. Ich denke, rede nicht.
Ich fühle. Einmal war fühlen leben.
Vielleicht fühle ich heute, weil ich sterbe.
Und das letzte Wort wird sein: ich fühlte.

Der Hexer

Taste mich durch Dunkelheit. Sind es Steine
oder verstreute Gliedmaßen? Kalt eine Ferse, oder ist es
eine zerstörte Stirn?

Klage von etwas, das alleine ist:
Jenseits des Todes lebt ein Teil,
ein Rest, ein eignes Leben. Und ich gehe und räume aus dem Weg
dies andere Leben, das allein ist und das ich nicht verstehe.

Der Soldat

Käme doch jemand ... Ich kann nicht sprechen. Kann
nicht schreien. War jung und sah mich um, brannte,
berührte, klang. Der Mensch klingt. Aber stumm
sterb ich.
Die Sterne hier sind erloschen,
weil meine Augen sie nicht mehr erkennen.
Nur die Luft in der Brust klingt. Das Keuchen
in mir atmet durch die Wunde
wie durch einen Mund. Unnützer Mund.
Gerade erst geworden und gemacht nur,
um zu sterben.

Der Hexer

Der Krieg war, weil er immer noch ist. Es irren die,
die ihm Namen geben. Diese taugen nichts und sind nur Worte,
die dich fortreißen, Schattenstaub,
Pulverdampf, Mensch, der hinter
seinem Nichts wie ein tote Idee ist.
Wo ist das Bilsenkraut deines Traums, Schlaftrunk,
da alles gestorben ist und ich nur
sehe wie das Licht denkt? Nein, es gibt kein Leben,
nur dies Denken, in welchem ich ende:
Der Gedanke des menschlosen Lichts.

Die Lerche

Alles ist still und alles ist wüst.
Und der Morgen wird geboren und verstummt.
Und der Morgen tritt hervor und wechselt seine Gestalt.
Wie ein Stein strich ich vorüber und flog ans Meer.

Die alten Liebenden

Er

Nicht die Müdigkeit ist es, die mich ins Schweigen stößt.
Der
Nachmittag ist schön und dauert.

Sie

In der Nacht kann man die Nachtigall sehen. Ich höre
nicht hin.
Der Wind zaust das Haar. Doch nicht meins.
Der Mond ist kalt.

Er

Höre die Erde
wie sie lange stöhnt. Es sind Schritte oder ihre
Vorstellungen. Nicht vermag ich
zu sagen, was noch in meiner Brust lebt.
Lebe deinen Traum und betrachte dein Haar. Wellt es sich
von selber,
wenn ich es denke? Oder ist es die Nacht und sie allein?
Oh du, die nie Gesehene und stets Gefundene.
Die nicht Gehörte – und immer Taubgewordene.
Aus deinem ständigen Raunen leb ich.
Vollendete meine Jahre, oh nein, vollendete die Lichter.
Vollendete deine geheimnisvollen Erleuchtungen und war
blind von dir. Meine müden Augen
sehen nicht. Meine Arme erreichen dich nicht.
Nachdem ich dich vollendete wie ein Leben, muß

ich allein sein und ich blicke um mich und taste und
niemand,
nichts. Das blinde Auge sieht einen Kosmos. Ach, sähe es
doch nicht.

Sie

Ich weiß wohl, es ist eine Stimme die ich höre. Nahe hier
bei mir. Sag mir. Es singt
der Wald. Die Nachtigall lädt ein, der Wind geht vorbei.
Ist das mein Haar? Äste immer.
Der Wind ist hoch, dünn strähnt das Haar.
Nimm mich, heller Wind, nimm und flieh.

Er

Das Meer sagt mir, es gibt eine Form der Gegenwart.
Des Menschen Einsamkeit ist nicht sein Kuß.
Wer lebt, hat geliebt, wer erfahren, hat schon gelebt.
Diese Gischt, die mir ins Gesicht schlägt.
Ist sie oder ist es mein Traum? Ich strecke einen Arm aus
und spüre eisesstarr die Wahrheit. Einsames Denken,
du vermagst nicht zu täuschen,
du, meine ganze
Gesellschaft. Des Menschen Einsamkeit ist in seinen
Küssen.
Waren sie oder bin ich gewesen? Bin ich oder waren sie
nie? Ich bin der Zweifler.

Sie

Ich lächle, denn meine Zähne sind

noch, Echo und Spiegel, und das Licht trifft sie.
Leben ist glänzen. Ich erwidere.
Es macht nichts, daß dieser Wald niemals hinhört.
Meine Sterne, seine Zweige, sie singen ein treues Lied.

Er

Der Gedanke lebt länger als der Mensch.
Wer lebt, stirbt. Wer gestorben ist, atmet noch.
Die Schwermut ist unmöglich, und wächst.
So dauert die Stirn in den Händen.
Oh, einsame Stirn. Allein bist du, das ganze Leben.

Sie

Aber den Vogel erfreut seine Reise. Ich höre
dir zu, unbefleckter Sänger. Für mich bist du geflogen
und nennst im Wald dich das heilige Abendmahl.
Ich bin du. Ich trage deinen Namen, mein Vogel.

Er

Welch Einsamkeit erloschener Feuer.
Die lebendige Zunge seh ich nicht, doch fühl
ich ihre Asche noch auf der Haut, und sie leckt und lügt.
Nein: Wahrheit entscheidet und Ausdruck vertraut.
Ihre kalte Zunge spricht hier zu mir und stumm ist,
die mich »Liebster« nennt, und ich bestehe.

Sie

Die Nacht ist jung. Es sind, weil sie schön sind,

die kurzen Stunden. Reine Sterne, die es
sagen. Die verkündeten, daß die Welt
nicht altert. Ihr schönes stetes
Licht ist in meinen Augen: auch sie strahlen.

Er

Diese Beharrlichkeit zu leben. Ich begreife es nur
als Ausdruck des Unmöglichen: die Welt
wie sie ist. Hier im Schatten versteh ich
endgültig, daß ich, liebte ich, nicht war.
Sein ist nicht lieben, und wer sich täuscht, stirbt.

Sie

Das lange Warten! Schon werd ich müde.
Hier versprach er, wiederzukommen. Jahre oder Tage,
eine Minute vielleicht nur. Aber wie lang die Zeit ist!
Schon werd ich müde. Die Sterne sagen es: »Deine Stunde
ist da.
Wie kannst du zweifeln?«
Und ich zweifle nicht. Ich singe. Schön bin ich gewesen;
bin es, sag ich, da ich es war. Ich bin es, da ich es immer bin.
Und ich warte. Hier haben wir es uns versprochen, hier am
Wald.
Er ging, ich warte auf ihn. Oh, komm.

Er

Niemand bewegt sich, wenn er läuft, und es flieht
wer stehenblieb. Das Meer hier nagt und frißt,
oder zernagte, meinen Glauben. Das Leben. Ich sehe ...
Nichts sehe ich, nichts weiß ich. Es ist bald oder nie.

Sie

Mit hellen Kleidern hab ich mich geschmückt. Er kommt,
er kommt bald zurück! So hat er gesagt. Der Frühling
prangte. Oh so viele Frühlinge,
die ich mit Warten verbrachte. Warum nur, warum hat er
sich so sehr verspätet! Unbewegtes Leben, ewig unbewegt
wie das stete Licht des Fixsterns, das
von der Jugend des Lichtes spricht, und in diesem leb ich.
Der Wald floh. Aber ein anderer Wald entsteht.
Und du mein heller Stern, ich preise dich.
Dein Abglanz bin ich. Wir sind ... Wir warten.

Er

Die Erhabenheit dieses Schweigens verkündet,
daß das Denken die Welt sein kann.
Leben, denken. Fühlen ist anders.
Das Gefühl ist Licht,
das Blut ist Licht. Darum verlischt der Tag.
Aber die Dunkelheit vermag zu denken und bewohnt
einen Kosmos wie einen Schädel. Und ist ohne Ende;
wie der Stein. Sie denkt, also ist sie.
Oh Gedanke, steinern; du, das Leben.

Sie

Er war leicht wie der Wind, kam und
sprach zu mir: »Ich bin es, der dich liebt, ich, der dich
gespürt hat.
Nie werd ich dich vergessen. Lieben ist leben,
dich spüren ist leben.« So sprach er zu mir und ging.
Aber ich weiß es. Wie ein anhaltender Blitz
ist er, und er kam, und ging er vorüber, blieb er doch.

Hier warte ich auf ihn. Ich bin alt . . . Oh nein, jung seh ich mich,
jung bin ich mir, denn ich spüre mich. Wer sich spürt, lebt und dauert.

Er

Ich empfange nur deine Wahrheit. Die meine
kenn ich nicht. Zu dir rede ich und weiß nicht,
ob ich spreche. Zu wem ich rede, ist unbedeutend, und unbedeutend auch, was ich sage.
Oder wie ich sterbe. Ob ich lebe oder gelebt habe.

Sie

Ich werde nicht am Leben sein. Es wird Tag.
Ist es Nacht? Ist der Wald? Ist es der Mond
oder bist du es, mein Stern, der du ent-
schwinden willst? Der Tag bricht an. Die Helle
macht mir Dunkelheit. Bin ich es, die geboren wird
oder die bebt? Die wartet oder schläft?
Ich rede und das Licht nimmt seinen Lauf. Die Sterne
erlöschen. Oh, ich sehe mich nicht.

Er

Die Dunkelheit ist ganz und gar
Wahrheit, ohne Zwischenfälle, die
sie in Abrede stellen. Hier war mein Leben, hier bin ich gestorben.
Schweig: Erkennen ist lieben. Wissen, sterben.
Ich zweifelte. Nie ist die Liebe das Leben.

Sie

Er ist im Kommen, und ich bin am Ende. Solange hab ich
gewartet und bin gestorben.
Ich habe gewußt, was lieben bedeutet, denn Tag für Tag
hab ich gelebt.
Es macht nichts. Jetzt ist er gekommen. Und hier liegend
sag ich,
leben ist lieben, und immer hab ich es gewußt.

Er

Schweig. Wer spricht, lauscht. Und wer schweigt, hat
schon gesprochen.

Die Schöne und die Alte
(In der Arena)

Für Justo Jorge Padrón

Alte

All das ist möglich, aber keiner hat es gewußt.
Du bist schön wie ein Schatz ohne Ende.
Doch was taugt das Gold, wenn es in den Händen
zerrinnt.
Sieh den feurigen Burschen, wie er den Stier angreift
und lügt.
Was ist ihm Wahrheit? Er, der weiß und was taugt.
Wahrheit bist du, Schöne, und die Wahrheit ist tot nur,
wenn man sie auslöscht.
Lebe, meine feurige Schöne; lebe und siege. Und erhalte.
Nur in schöner Fassung glänzt der Diamant.

Maravillas (die Schöne)

Ich bin die ich bin. Aber ich bin niemand zu eigen.
Wer mich will, streiche sich aus.
Maravillas, die Wunderbare, nennen sie mich. Doch sieh
den Stierkämfer,
wie er täuscht, auftrumpft und am Ende unterliegt.
Andere traurigere Augen küßt die Capa, und der Himmel
rötet sich nun für die blinden Lanzen.
Erhabenheit und Schweigen. Treu der Puls jenem Licht.
Eine Posaune baut ihm eine Säule, und er richtet sich auf
über Staub und Gold, wie eine riesige Statue.

Alte

Schön ist der Stierkämpfer, aber allein ist er und stirbt.

Dich soll rufen wer lebt, nicht wer in der Arena stirbt.
Wer strahlt und sich auszeichnet, lebt. Es lebt wer hat. Es lebt
wer gibt. Und wie Danae empfängst du
diesen Goldregen und glänzt darin erhaben.
Diesem wirst du nur angehört haben.

Maravillas

Ich gehöre niemand.
Ich gehöre mir. Sieh den Himmel, wenn er leuchtet:
Er gehört keinem und strahlt, und die Menschen beten ihn an.
Doch ist er nur sich allein, leuchtet, und niemand erreicht ihn,
doch vollendet er sich in den kühlen Augäpfeln
der anderen. Freigiebig und geschmäht,
beraubt und großzügig. Stets sein eigen und in den anderen.
Ich gehöre niemand,
aber ich wurde geboren und will nicht
sterben. Erstrahle ich in den Augen
anderer, lebe ich. Und strahle zurück. Licht bin ich und sehe mich an.

Alte

Was weißt du schon. Das Leben stellt sich dir in die Quere wie ein Spiegel.
Nur dein Gesicht siehst du in ihm, und schon ist es vergangen.
Ein Licht, und es sind deine Augen.
Ist so das Leben?
Hör wie die Menge ächzt, wenn der Stier angreift.

Dieser Stier erkennt, mag er auch sterben. Er liebt, obwohl er zweifelt.
Und treu folgt er der Richtschnur, die der Mann ihm vorlegt
mit jener mannbaren Flamme, die in seinen Augen flackert.
Auch ich war jung und habe viel gesehen.
Dieser Jüngling reizt den Stier und sein Wort
verführt ihn. Belügt ihn in seiner Wahrheit.
Erst später, wenn der Stier tot ist,
entblößt sich der Stierkämfer.
Ich habe viel gesehen. Sieh, wie die Menge ächzt.
Ich habe den Jüngling sterben sehen, sah die Geburt des Kindes,
die Weisheit des Greises, den Untergang des Engels.
Streift ein Schweigen vorbei, ist ein Engel gegangen.
Und ich habe viel Erde auf viele Gesichter fallen sehen,
und sie bedecken; und sich entfernen. Nur die Blumen bleiben.
Und ich habe dem Klang des Kusses oder einer Quelle gelauscht.
Denn das ist der Kuß. Und er lacht, und in Erde taucht er ein.
Schweig, du erkennst nicht.

Marvillas (Maja).

Ich weiß, ich weiß was ich sehe. Sieh, wie der Stierkämpfer brennt.

Alte

Wie zischt das Unerkannte! Jetzt beherrscht er seinen Körper.

Es sind die Winde oder der Name, den zwei Lippen
aussprechen.
In deren Klang bewegt er seine schweigende Capa,
er, der erkennt und sich belauert, der entblößt und sich
verbirgt.
Wie sich der Stier versammelt gleich einem traurigen
Schatten.
Verhext verfolgt er einen Namen: kann sich nicht
erinnern.
Erinnert er sich? Woher? Fast streift er ihn und flieht.
Nur der Mann ahnt die Wahrheit, mit der er umgeht.
Wie eine riesige Blume berührt er die Lippe des Tiers und
täuscht es.
Aber dort steht er. Und dort glänzt er! Und es rast die
Arena.

Maravillas

Ich gehöre mir, gehöre niemandem. Aber strahlend eile ich
und berausche mich. Bin betört von niemand. Aber
erblicke mich in allen.
Ich bin der Mond zur Nacht, entkleidet und weit,
doch kühl in den Lippen, doch kühl in den Augen.
Ja, von niemand, von allen.

Alte

Sei still. Bald schon muß man sterben. Ich lebe schon nicht
mehr.
Wer alt ist, lebt nicht und sein Traum ist geringer.
Denn wer sich erinnert, ist gestorben.

Maravillas

Leben, leben, unsichtbar ächzt die Sonne.
Der Abend bricht ein, aber meine Adern glänzen.
Im Staub die Lichter vermögen mehr. Es tönt der Wind.
Oh mein nackter Leib unter der Wäsche wogt
wie eine Fahne im Wind.
Für alle, und blind sind sie.

Alte

Leben. Leben? Genuß, und wer ihn nicht gekannt, ward nicht geboren,
kam nicht über eine Vorstellung hinaus.
In der Stirn eines Gottes lebt ein Mensch,
doch ist er bald vergessen.
Denn nie ward geboren, wer nicht geliebt,
noch hat er Licht verbreitet in seinem Leben.
Nur in seinem Denken, und Tod nur ist er.

(Zu Maravillas)
Sei still, lebe oder rase. Wie das Meer in den Wellen.

Der Blindenführer und der Bettler

Der Blindenführer

Großvater, es hat keinen Sinn. Ich gehe keinen Schritt
weiter. Der Tag
endet, und die Nacht über den rauhen Feldern schreckt
mich.
Und man kann Euch nicht trauen. Die Nacht
ist eine Spitzbübin, und manchmal versteckt sie einen
schweigenden Dolch,
während ihre Lichter lachen.
Mein Vater war ein Lump, aber ich bin niemandes
Sohn. Kam auf die Welt und schlug die Augen auf
und Finsternis herrschte. Hatte, glaub ich, auch keine
Mutter.

Der Bettler

Schweig. Versuch nicht den Teufel: Sohn der Sonne,
herrliches Geschöpf, das ich im Dunkeln suche und an das
ich glaube.
Du bist niemandes Sohn. Gehen wir: Auf!

Der Blindenführer

Ich lache,
wenn Ihr meint, ich folge Euch, wenn Ihr Euch auf den
Weg macht.
Dort der blutende
Mond gibt ein Zeichen, und ich erkenne. Sohn der Sonne,
Teufel: wie Ihr wollt. Mag er Euch helfen und führen.

Denn ich bin jung, ich suche ein anderes Licht und denke
für mich allein.
Keiner hat mir was beigebracht, nur das Licht und der
Himmel,
oder das Wasser und die Berge oder dieses Dorngestrüpp
und da unten
das Sandufer. Einen langen Tag hab ich gelebt, hab
hartes Brot genagt. Den Boden geleckt.
Aß manchmal nur kalt,
wenn ich den Tag sah im Türspalt und lernte
für den Augenblick zu sein und nicht für immer. Denn bin
ich gewesen? Ich bezweifle es.

Der Bettler

Sohn eines ...! Auch ich lache, du kleine Bestie.
Verdorben bist du und das schon jetzt. Ich glaube nicht.
Glauben ist geben,
und deshalb glaube ich nicht.
Aber du bist sehr jung, und die Pflicht
des Jünglings ist glauben. Ich habe lange Zeit geglaubt.
Hab mich herumgeschlagen mit schwarzen
Lichtern, solange ich glaubte. Mit roten Lichtern,
als ich noch glaubte, mit gelben Lichtern,
als ich vom Glauben fiel.
Heute glaube ich an den Teufel,
das ist der absolute Zweifel. Ich weiß, er ist der Sohn der
Sonne,
denn ich glaube nicht an die Nacht.
Du aber ... du bist nicht. An dich glaube ich nicht. Ich bin
allein.

Der Blindenführer

Allein? An diesen Stein bist du nicht gestoßen, weil ich da
bin.
Ich bin!

Der Bettler

Aber die Einsamkeit ist meine Gewißheit. Und ich glaube,
Sohn der Sonne, mein Gebieter, meine absolute Hoffnung.
Meine geliebte Zerstörung unter einer zähflüssigen Sonne.
Ich glaube, glaube.

Der Blindenführer

Du schreist, aber ich erkenne dich nicht. Ich folge dir nicht
weiter: du bist allein.
Klein bin ich, aber meine Stirn rührt
an andere versprochene Sterne. Ich trinke,
trinke ihr Licht und warte. Ich fühle mein Fleisch
wachsen.
Meinen Körper sich strecken, nach und nach erfüllt sich
meine vollständige Wirklichkeit, die in mir und in meinem
Warten ist.
Ich bin ein Kind, das wächst, wunderbarerweise
vom Licht verschalt, denn ich bin, denn ich
zweifle.
Nur wer zweifelt, ist.

Der Bettler

Ich glaube, denn ich habe zu glauben aufgehört vor
Milenien.
Mein Gebieter, tollkühnes Verließ des Denkens,
Klippe, an der ich mir in den wilden Nächten die Knochen
breche.
Gesundheit, die ein Keuchen ist. Ich glaube, glaube, meine
einzige und blinde Liebe,
in der ich ende und du mich hast, Sohn der herrlichen
Sonne,
Bild des Lebens. Ich glaube, glaube und warte auf dich,
in mir bin ich und ende.
Zerstörung, du hast mich gemacht.

Der Blindenführer

Nichts weiß ich, nichts erwarte ich. Denn langsam wachse
ich und schaue mich um und öffne
meine Augen. Ich zweifle, herrlicher Raum, der sich
abzeichnet.
Ich zweifle, unglaubliches Azur.
Ich zweifle, Kondor der Luft, Feuer der Stimme, urteile.
Ich zweifle, Klage oder Mauer. Ich zweifle, während ich
deine Küsse spüre.
Oh Wirklichkeit, weil ich an dir zweifle, wachse ich.

Der Bettler

Allein bin ich. Hörst du mich, du Sohn eines ...?
Bist du gegangen?
Wenn du noch da bist, reich mir die Hand, hilf mir. Ich
warte auf dich.

Der Blindenführer

Nur der Mond ist kalt. Einsamkeit dieser Knochen.
Ich spür das Licht, wie es mich lebt. Wenn ich auch nicht
weiß, so pulst doch mein Blut.
Meine Füße berühren die Wasser und meine Lippen das
Feuer.
Allein bin ich. Denn ich glaube nicht. Denn ich habe
gezweifelt, und so leb ich in Gewißheit.

Der Bettler

In diesem totalen Licht leb ich und bin.

Der Blindenführer

Der Zweifel
erwacht in meinem Herzen, wenn ich erwache
und liebe. Ich liebe, weil ich nicht weiß.

Der Blindenführer

Weil ich weiß,
schlaf ich nun ein.

3

Der Inquisitor vor dem Spiegel

Für Carlos Villarreal und Antonio Carvajal

Der Inquisitor (vor dem Spiegel)

Ich weiß nicht, was ich in diesem unbeweglichen
Antlitz aus Glas sehe,
blaß unter den sterbenden
Lichtern, und immer noch wach.
Oder ist es mein Traum in der Dunkelheit?
Wasseroberfläche,
Spiegelglas das nicht verfließt,
wie ein Auge, das gestorben ist
aber ein Bild zurückgibt.
Gläsernes Antlitz ohne Ziel,
Abbild von Täuschungen,
Seele, Spiegel oder mein Name
auf einem Paar stummer Lippen.

Der Ministrant (in Rot)

Ganz in Rot erleuchte ich
diesen Tod ohne Eile.
Ich seh ihn keuchen,
heiser zuweilen, blutlos
wie der Feuerstein ohne Funken.
Brenne, möcht ich sagen,
aber nicht wie Schnee,
sondern wie eine Flamme. Sieh mich
brennen in den roten Kleidern wie ein Zweig
oder wie in brennenden Worten.
Durch meine Füße fließt
das Feuer der Welt, und in diesem leb ich,
mein Leib ganz glühende Kohle.

Und es züngeln die Flammen.
Mein langes Haar brennt.
Aber du, schmutziger Schnee,
harte Kohle, Geiz
der Finsternis, was siehst du?
Ich seh, wie du dich im Spiegel
betrachtest, oh die obszöne
Betrachtung eines Toten.

Der Inquisitor

Allein bin ich und hab verloren.
Mit meiner funkenlosen Hand
teilte ich Flammen aus und war gerächt.
Tötend hab ich gerettet und
sehe von Angesicht zu Angesicht die Sonne,
die Unordnung ist. Ich vermag!
Ich liebe den Schatten, in welchem
Gott ist, den Filter seines
Willens. Halte inne!
Keiner gehe vorbei, der
nicht von der lichtlosen
Kälte trinken kann, die den Erhabenen liebt.
Ich bin Schatten im Schatten.
Und im Schatten söhne ich mich aus,
dem kalten Winde gleich,
der allein von Gott kommt.
Sterben soll, wer zittert. Sündige
wer kann, und ich muß
Gott schaun: Spiegel
von Wassern, die dort ruhen.
Aber dieses regungslose Glas . . .
Reinheit! Gebein, Läufer im Schachspiel.
Nur deine Stimme gebe mir Antwort.

Der Ministrant

Er sieht sich an: er ist tot.
Er weiß es. Und tötet und stirbt.
Und stirbt abermals.

Der Inquisitor

Ich habe nie gezittert. So manchen
hab ich verstanden, und begieriger noch
wollte er das Feuer, Feuer
bekamen sie und rein brennen sie
in der erhabenen Kälte
eines anderen ständigen Seins.
Denn Gott ist Schatten, und nur
im Schatten tönt er,
versucht, und ist Schatten in allem.
Aber Schatten ist die Welt.
Schatten Gottes, und Er brennt
wie der nicht endende Schnee,
der eine Trauer schließlich offenbart.
Trauer aus Liebe oder Tod
für Gott auf den Lippen.

Der Ministrant

Wer spricht ist wer zuhört.
Aber sich allein und gestorben.
Denn wer nicht hört, hat aufgehört
wie das Wasser an den Wänden,
wo es still für sich nicht vorhanden ist.
Hier diese Hand lebt
gestorben, denn sie teilt den Tod aus,
das Leben vortäuschend, verstößt sie.

Welch schreckliche Schenkung
aus einem aderlosen Gesicht,
auf dem die Altarkerze erloschen ist.
Todeswachs, brenn herunter
und die Erde mag dich erben.

Der Inquisitor

Eine Frau, ein Kind
können brennen. Herrlich
ihre Wahrheit, wenn sie brennt.
Öffne dich, Himmel, und es leckt
die Flamme das Azur,
in dem Du empfängst.
In dir brennen sie, Kälte
deines Busens, der sie aufnimmt
im ewigen Schnee,
in den die Flamme reicht.
Endloses Eis, höchster
Friede, wo das Feuer endet,
glashelles und reines Reich,
darin der Scheiterhaufen zusammensinkt.
Brennt, brennt und rettet euch
und findet Ruhe im Schnee.

Der Ministrant

Im Spiegel hört er
stimmlos die kalten Wasser,
ein vorgestellter Quell,
nie gespürt und stumm.

Der Inquisitor

Ich habe nicht gezögert und sehe mich an
und bin und bestehe, denn ich schweige.
Und gewähre Schatten, Gottes
Schatten, denn das ist der Tod.
Welch Erlösung, Seligmachung der brennenden
Welt. Vollkommener Scheiterhaufen,
dem ich meine Hand überließe,
um sterbend, tötend
zu retten. Gott die Seelen!
Im Spiegel erstarrt
sehe ich andere Lichter, Glanz
des Kristalls ohne Richtung,
und ich weiß: seine Kälte ist Leben.
Nur ein Widerschein oder die sterbliche
Hand, die Leben gewährt.
Und wissend bin ich. Wer schweigt, hört zu.
Aber sie alle verbrennen!

Zwiegespräch der Verzückten

Der Liebhaber

Geboren ward ich am Ufer des Meeres. Das beständige
Meer schaukelte meine Wiege. Wieviel Glanz an
seinen Rändern.
Tauben wie Narden. Der Lichter Feuer
wie das dieser Schäume. Das gestufte Blau: Alles ist Liebe
oder Gabe.
Ich wuchs, weil vergöttert. Ich begriff, denn ich wurde
gelebt.
Die Erde war unter meinem Leib, schön,
und oben die Sonne, die meine Brust brannte,
und in der Höhe die Luft wie ein Vogel, der mir gehört,
mein für meine ruhenden Augen,
in die eingeschrieben das Blau die Flügel spürte.

Der Dandy

Wenn ich betrachte, so nicht trägen Blickes. Ehmals das
Monokel
war fast ein Fenster: dahinter die Welt.
Wie die Fische, die
hinter der Wand aus Glas vorüberziehn und schweigen,
so hinter dem knappen Fenster die stumme Welt
blieb unhörbar. Oh welch edles Ruhn.
Heut ist es schwer, den Lärm zu überhören.
Wie ein sehr altes Gefährt – Alte und Junge –,
das aus den Fugen ist und es nicht weiß,
zieht er vorüber und rollt noch immer.
Heute vererbt sich das Getöse. Und kein Monokel ist da,
die Welt zum Schweigen zu bringen.

Nur eins ist beständig: das Lächeln oder die Blume. Das
zarte Blütenblatt,
das sich an Stelle der groben Lebenssucht setzt.
Schon der Geruch bringt Leben. Und das genügt. Man soll
nicht beharren. Ich schweige.

Der Liebhaber

Zuweilen betrachte ich mein Antlitz und staune.
Dunkelbraun,
und ich bin. Schwarze Augen, doch wozu ihre Gier?
Die Wimpern ängstigen, denn sie sind dicht wie eine
nächtliche Spur,
beklemmend sind sie, wenn man sie anschaut, auch wenn
sie die Augen schützen.
Schauen ist nicht sehen. Aber ich schaue immer,
auch wenn ich zuweilen schweige, weil ich nichts
unterscheide.
Ein junges Etwas auf der dunklen Straße
ist ein einsamer Blitz, und den betrachten meine Augen.
Sein Licht spüren sie genau. Trocken sind sie wie der
Durst.
Das Licht, das Licht macht sie blind, nicht wie Wasser
oder ihre Tränen.
Sie trinken und betrachten, und in der Nacht sind sie voll
verzehrender Gier.
Leib den Augen gewiß, unerwartet. Jetzt sehen sie!

Der Dandy

Seltsam ... Mit einem Handschuh schlug man in ein
Gesicht.
Ehmals der Kavalier im Gehrock, ganz Würde,
mühsam auf seinen Säbel gestützt, besserte er seine Ehre
aus.

Aber heute genügt eine Rosen-Weste nicht,
auch nicht die mit Meergrün gefärbten Locken.
Wenn du mit einem Handschuh schlägst, ist es nur Wind in den Dünen,
oder der schnelle Windstoß, den ein Wagen im Vorbeifahren erzeugt.
Schweigt alle. Ich spaziere mit meinem traurigen Stock
durch die letzte Allee in meiner friedlosen Stadt.
Gestalten und noch mehr Gestalten. Ich träume. Mein Lächeln tötet nicht,
aber es bläst in die Gesichter und löscht sie aus. Geht weiter.

Der Liebhaber

Wie schwierig ist es, ein Licht zu fassen, das man nie erkennt.
Das Erstrahlen eines Leibes in der dunklen Stadt
zeigt weder Weg noch Hoffnung. Alleingelassen aber befällt es ein Zittern.
Einem verschwundenen Wegweiser gleich, einem trostlosen Trichter.
Wie ein kleiner Taifun und schon unabwendbar.
Und gehst du hinterher, begreifst du, daß du suchst, wo du nur gezogen wirst.
Die Nacht ist schwärzer als ein lebloses Herz.
Leben aber auf den Lippen. Traum aber in den Augen.
Wahrheit, ein Gedanke, den ich mit der Hand abreiße.
Leben, leben: dein Mund. Und leergetrunken, schlepp ich mich dahin.
Nein!

Der Dandy

Manche sagen, lieben sei etwas
Unvermeidliches oder einfach ein Mittel
zu sein: das Gewissen.
Ich weiß nicht. Wenn ich nachts die Haut wechsle
oder den Anzug abstreife, mit dem ich mich bemerkbar
machte und gesehen wurde,
muß ich lachen. Die Nacktheit ist eine wenig edle
Ordnung. Sie erinnert mich
vage an das Gerippe, denn der Körper ist beinahe eine
regungslose
Luft, in der das Gebein verschlossen ist.
Deshalb ist nackt zu lieben schön, doch nicht genügend.
Schön wie die vermählten Gebeine der Liebenden. Tote.
Tote, denn sie umfangen sich. Was tönt, ist das Gebein.
Der Kuß ist Luft und der Geliebte küßt in
Wahrheit nur den Zahn. Deshalb besang jemand
nur den Kuß von Zahn zu Zahn.
Ohne Zweifel, er war ein weiser Mann ... Obschon er
zuweilen schlief.

Der Liebhaber

Wachen ist wünschen. Ich ward geboren, als ich einen
Wunsch spürte.
Richtete mich im Schilf auf. Wollte trinken. Das Wasser
war ein Spiegel, darin ich mein Gesicht trank. Ich erhob
mich, obschon betrübt,
mit einem Geschmack nach Vergessen, etwas das ich
kannte, aber nicht aus diesem Leben.
Später erinnerte ich mich bei jedem Entzücken an das, was
ich erfahren, und ich hasse
oder liebe. Und begrab mich in den Leibern. Wühle im
Dunkeln: Erde. Und ihr Geschmack bleibt auf
meiner

Zunge, wenn ich mich aufrichte, in Einsamkeit.
In einem Geschmack nach Sand verlor ich mich, und
kehrte nicht zurück.

Der Dandy

Zweifellos ist die Liebe ein bourgeoises Gefühl.
Meine Herren und Damen. Ordnung, Ordnung ... Die
Kinder
oder ein schönes Nebenprodukt, das überrascht oder
schmeichelt.
Elternbeirat oder eine Summe von Zahlen.
Zur Ordnung gerufen streicht der Wind über die Binsen,
während die Augen in der Allee glänzen bis zuletzt.
Einsamkeit. Du meine Göttin ohne Arme, stumme
Lippen,
und auf der wankelmütigen Stirn ein reiner Gedanke.
Die unerträgliche Wahrheit. Aber es singen die
Nachtmare.

Der Liebhaber

Die Einsamkeit hat Augen eines sehr schlanken
Mädchens.
Doch unvermutet eine Gestalt. Wie in Licht tauche ich
unter.
Was ich gelebt, habe ich nicht gesehen. Ich sah es, doch
blieb ich stumm.
Nur der Atem ermutigt. Ein Leib war ein Aufruhr.
Was ich sah, vergesse ich nicht. Dir werd ich geboren und
begrabe mich im Vergessen.

Der Dandy

Jemand sieht, und ich habe nicht gesehen. Eine Rosen-
Weste ist nicht das Leben.
Eine Krawatte aus Rauch ermutigt nicht.
Aber wie delikat ist dieser letzte Halbschatten.
Dieser zögernde Zweifel dessen, der ungenau gelebt hat.
Ein Herz ist kein Stein, auch wenn der Rauch es
verschwommen nachahmt.
Oh die Vollendung – wie ein Lachen ist sie.
Ja! Ich schlage es nicht aus.

4

Nach dem Krieg

Der Alte

Hier ruh ich aus. Die unermeßliche Nacht ist auf meine
Schritte gefallen. Oh furchtbare Einsamkeit. Nur ein
Rauch
war die Luft. Mit meinen müden Augen seh ich nichts.
Nichts höre ich
mit meinen Ohren. Wenn es Welt gab, Einbildung ist sie
jetzt,
und in ihr allein ist Atem.
Welch schreckliche Größe, denkt man sich
die Welt wie diese tote Vorstellung, darin wir uns im
Kreise drehen.

Das Mädchen

Ich weiß nicht, ich wache einsam auf. Was für eine
durchsichtige Nacht.
Hier im Urwald bin ich eingeschlafen mit den Blumen,
die ich trug. Ihren Duft hab ich geatmet. Ein Prangen und
Blühen brach aus. Ich schlief ein.
Jetzt in der Nacht wach ich langsam auf.
Der sanfte Schatten glänzt, besternt.
Die Vögel, kein Zweifel, sie schlafen.

Der Alte

In diesem trocknen Flußbett glänzte das Wasser.
Ich weiß nicht, wer ich bin. Meine Jahre sind die der Erde.
Erde ganz nur fühl ich mich, unbewohnt.

Wo ist die Stimme, die gestern zu mir sagte: Flieh?
Ich fühlte, daß der Blitz nicht von Menschen war. Und ich
verstand.
Ich schlief ein. Ich weiß nicht, waren es Jahrhunderte.
Und ich rief. Ich bin allein.

Das Mädchen

Auch Blumen können die Einsamkeit sein.
Hier in meiner Hand trug ich sie; Düfte
gab die Farbe. Blaue, gelbe,
rosenfarben, malvenfarben, und mein Antlitz
grub ich in den wohlriechenden Schoß. Und hob die Lippe
ins Licht und öffnete den Mund und allein
sang ich. Mit allem. Das Wasser, Arpeggios,
Schaum, Nachtigall. Zu mir waren sie liebreich,
brüderlich, musikalisch. Alle vereint
waren wir Stimmen unter den Sternen.

Der Alte

Sterne gibt es, die wollen bedacht sein,
denn nur wenn man sie denkt, leben sie.
Jetzt ist die leere Welt umbesetzt,
ein Gedanke ist sie, aber kein menschlicher.

Das Mädchen

In Eile geh ich weg. Und begegne niemand. Schön
ist dennoch der Himmel. Die Luft kreuzt.
Rieche keine Blumen, aber ich atme.
Wie eine Blume fühle ich mich und teile
Leben aus.

Lang ist die Nacht, aber schon ist sie gewichen.
Lieblich wird es sein, im lebendigen Licht geboren zu
werden.
In ihm ward ich geboren und werde in seinem Schoß
geboren werden.
Mein Leib ist jetzt wie ein ganz sanftes Licht.

Der Alte

Ich berühre meine Stirn. Knochen nur oder Stirn.
Gefallener Stein, wie diese Steine dort.
Von wo rollte er? Und blieb hier, aufgehalten.
Betaste meinen Bart, schmerzhaft und ein Fluß,
der stürzt und nicht ankommt, so hängt er herunter und
zittert
wie ein Erschrecken. Vor wem! Ich kann es nicht
erkennen.
Bin ich allein, zittere ich nicht. Und das Zittern
ist er, nicht ich. Er ist, und besteht an sich.
Ich berühre meine Brust und es tönt. Wer hört zu?
Und ich rede. Und man hört es nicht. Und ich schaue und
blind
bin ich wie der Baum in der Nacht, und ich berühre
seinen ehrwürdigen Zweig und lege nur
meine Wange an seinen Stamm und vernehme kaum
ein Erinnern, denn es gibt weder Blätter noch Flügel.

Das Mädchen

Es ist, als höre man jetzt
den ersten Laut. Alles ist dunkel, aber wie
spür ich die Sterne pulsen
an meiner Wange. Sicher befragen sie mich,
und ich gebe Antwort, und ihr Licht ist Haut

wie meine, auf der sie zittern, der sie Küsse geben
mit sanften Lippen wie meine Schwestern.
Sie sagen mir, daß das Leben schön ist.

Der Alte

Dem unermeßlichen Himmel kann ich keine Antwort geben.
Nur die menschliche Stimme hat Grenzen.
Sie zu versuchen ist wissen. Wer weiß, rührt an
sein Ende. Und sinnlos sind seine Küsse, da er gestorben ist.

Das Mädchen

Etwas sagt mir, daß ich lebe und
wenn ich lebe, besteht
die Welt. Oh, gewiß, die Blume
ist im Licht und ihr Wohlgeruch
entsteht mit dem Licht. Es sind meine Sinne,
die geboren werden, die an den Tag kommen. All das Licht zwischen meinen Lippen ächzt.

Der Alte

Die Einsamkeit des Gesteins ist nur
ein Gedanke. Aber
ohne den Menschen lebt es nicht. Nur der Himmel
dauert fort. Und in seiner Gruft ist
das Licht Gestein. Unmenschliches Licht,
das mich erdrückt und meine Vorstellung töten wird.
Seine Vorstellung, denn ich bin nicht. Niemand ist,
der mich jetzt denkt. Allein bin ich, und das ist nicht

Einsamkeit. Denn ich beflecke die vollkommene
Einsamkeit.
Der Morgen zieht herauf. Schrecklicher Morgen ohne
Ordnung.
Seines Leibes entblößt ist der Morgen gestorben.

Das Mädchen

Auf den Lippen das Licht, auf meiner Zunge schmeckt es
nach Süße.
Wie keimt der Tag zwischen meinen Brüsten.
Der Himmel besteht wie ich, und ich spüre
alles weich auf meinen Lippen.

Der Alte

Es kann nicht sein; ich bin nicht und keine Lichter mehr.
Das Auge oder die Helligkeit gibt es nicht. Blind gehe ich,
blind wie das Morgengrauen. Bette in Nacht
meine Stirn. Tastend geh ich. Höre nicht.

Das Mädchen

Ich höre, wie das Licht tönt. Schaue und weit weg
seh ich etwas, eine Gestalt... Leben, schönes Leben!
Leben das sich fortpflanzend mich überrascht.
Denn in mir ist es, und in ihm bin ich lebendig.
In dir, du andere Gestalt, die ich ahne
nicht als wärst du eine Wolke, sondern stetig.
Oh meine Zukunft, faßbar bist du dort, bestehst.

Der Alte

Ich entferne mich. Nun seh ich nichts mehr. Dies grobe
Wolltuch
Asche ist es auf meiner Stirn, und mählich sterb ich dahin,
denn kaum daß ich laufe. Licht, nichts vermagst du mehr.

Das Mädchen

Ans Leben zu rühren ist möglich, und ich sehe
wie von Lichtern eingefaßt seine Grenzen.
Diese Gestalt ist etwas Beglückendes. Ich rufe dich und
bin rein
und bin unrein wie die Wirklichkeit. Wirklich, erwache
ich.

Der Alte

Gestern hab ich gelebt. Morgen ist schon vorbei.

Das Mädchen

Dieser Schrei ist mein Licht. Der Mensch besteht.
Du und ich sind der Mensch. Ja, er hat gelebt,
also wird er leben. Morgen ist schon geboren,
denn hier bin ich. Morgen und heute und gestern.

Der Alte

Fern bin ich, sehr fern. Nicht in Räumen,
sondern in der Zeit. Gestern starb er.
Morgen ist schon vorbei.

Der Wind

Denn ein jeder Mensch ist gestorben.

Die jungen Liebenden

Er (vor dem Garten)

Ich bin jung und erkenne. Ich habe nicht erkannt und bin
alt.
Diese Mauern umschließen die Wahrheit, die ich ahne.
Heiratsfähig in der Allee, schweigsam in den Lichtern,
verfließt sie wie der Atem einer sorglosen Jungfrau.
Und sie ist es. Ich habe sie nicht gesehen. Sah sie flüchtig:
und erkenne sie.
Und dieser Garten hinter seinen Mauern wacht über ihre
Gestalt,
nicht über ihren Glanz – blind nämlich taste ich meinen
Kerker ab.
In dieser von Zinnen gekrönten Stadt kam ich zur Welt,
hinter einem reißenden Fluß, der ein ganz anderes Fliegen
erlaubt.
Flügel, Küsse oder Musik zittern auf seinen Wellen
eine Weile, und die Wasser sammeln und vergessen es.
Garten, darin sie zur Welt kommt und in ihrem anderen
Himmel stirbt
wie das verlorene Licht eines Blitzes am nächtlichen
Himmel.
Morgen für Morgen lebt sie. Welche Empfindung von
Mörgenröte!
Abend und sie schläft ein, ohne meine dunklen Lippen.

Sie (im Garten)

Vom schönen Licht erbitte ich einen Namen, und das
Licht schweigt.
Zwischen den Rosen und Vögeln warte ich wie ein anderes
Licht.

Mein Name? Nie hat eine Lippe ihn ausgesprochen in
herrlichem Salböl.
Wird ihn nie aussprechen. Wer weiß! Unterm Licht ist der
Tag.

Er

Hier erwacht mein Geschick in einer anderen Allee.
Ich weiß es. Das Leben war
aus leuchtender Haut, Inkarnation der Welt.
Aber das Licht faßt man nicht an.

Sie

Oh die versiegelte Rose,
jenes frühe Schweigen, an das ich meine Lippen legte.

Er

Garten der Qualen, darin die Liebe verharrt.
Garten der Messer, der du ins Herz dich wagst.
Ich erhebe mich und schwöre bei meiner Liebe, bei
meinem Leben.
Ein grausamer und unbekannter Gott verfolgt den
einsamen Menschen.
Aber keiner hat ihn gesehn. Einsamkeit, wer bist du?
Schatten eines Leibes oder Kusses, reine verletzte
Müdigkeit,
deren Wahrheit nicht, doch ihren Tod meine Lippen
berühren.
Gott eines endenden Lichts, während ich meine
verbrannten,
nein, von tagloser Liebe zerquälten Lippen spüre.

Sie

Mit dem Tag ward ich geboren. Mit dem Schaum der Welt.
Ein versiegeltes Blütenblatt für meine neuen Lippen.
Mädchen bin ich, und ein Mond wird neu geboren, stirbt,
wird geboren.
Oh welch kraftvolle Morgenröte!
Schweigt ihr irren Vögel, die ihr, meine Lippen pickend,
mir Küsse gebt oder Lachen oder blaues Gefieder.
Die Nachtigall mit ihrer unaufhörlichen Leidenschaft
betäubt mich
wie eine einzige Note für den nächtlichen Garten.
Lerche: der Morgen. Amsel: der Tag wächst.
Und in der schon menschlichen Nacht hör ich die hellen
Stimmen
von Kindern, die schreien oder singen oder leben.
Sonne, die ich unter meinen Pflanzen spüre, wenn es Tag
wird.
Sonne, über die ich gehe und die unter meinen nackten
Füßen glänzt.
Ich hebe meine Arme: das Licht steigt. Oh herrlicher
Mittag und erfüllt schon unter meinen frischen Rosen.

Er

Ich aber ward allein geboren. Bald schon schlief die Welt.
Schatten anderer Menschen wie Hoffnung oder Zweifel
brachen schweigend aber drängend ein. Ich sah sie.
Was sah ich? Mit einem Finger auf den Lippen ging sie
vorbei, und ich war allein.
Dann die Ebene, die Täler. Der Hirsche Augen.
Horn oder prangender Himmel. Und in seiner Wiege der
Mond.
Der Welt weite Lyra, leibgewordener Wind, Gottheit,
seidige Haut oder eine Trauer für die weiten Felder,
wo die Kraft herrscht wie das Licht, streng, genau.

Sie

Ich erkannte im Nichtwissen. Denn wer schaut, lernt.
Aber keine Lippe sah ich, nur einen einsamen Stern.

Er

Ich erkenne mein Geschick, auch wenn die Mauer es
bewacht.
Ich spüre ihre Masse, und blind verkünde ich ihren Ruhm.
Ich weiß nicht, aber ich erkenne. Wer sich erinnert, der
stirbt.
Ich lebe und spüre die Küsse im Anruf des Tages.
Garten der Qualen, der du dem Herzen Furcht einjagst.
Garten der Messer, der du dich ins Herz wagst.
Degen wie Blumen für die kalten Lippen,
und Blumen wie Degen für die glühende Kohle.
Für die Welt ward ich geboren. Für die Liebe. Ich habe
nicht gestöhnt.
Ich herrsche, also bin ich. Ich stürze also lieb ich.
Und dieser Mund spürt nun das ganze Feuer der Welt
wie eine frühe Blume, mit der man das Leben trunken
machen kann.
Riechen, leben. Ich eile herbei. Wer ruft mich? Diese
Mauern
sind sie Rauch oder Chimäre. Niedergerissen öffnet sich
der Garten oder Leben, oder die Erde oder der Tod.

5

Zwei Leben

Für Clara und Claudio Rodríguez

Erster junger Dichter

Und ich erwachte
und war allein.
Die Einsamkeit ist nicht mehr als ein Spiegel
mit einem Licht. Anklage einer mißlungenen
Form. Stimmlos spielen die Massen, aber sie hören nicht
zu.
Wie über diesem Flußbett war Narziß!
Aber es gibt keinen Schaum, nur seltenes Glas.
Nur das stumme Fenster gibt Antwort.

Zweiter junger Dichter

Diese Stadt, die meine. Ummauerter
Horizont, ein Fluß in der Nähe, hörbar die Ansiedlung.
Hier unter diesem hellen Himmel ward ich geboren,
Unter diesen lebendigen Flügeln, die jetzt vorüberziehn.
Der Vogel schrie, ein Kind schrie.
Und ich öffnete meine Augen dem Licht. Und wurde.

Erster junger Dichter

Eine Zahl ist Leben. Gedachtes Leben,
unverfälschtes Leben, das geistig ist, wenn ich bin.
Geboren wurde ich nah einem jammernden Klang: der
Wind.
Und erwachte. Schon damals war ich Gedächtnis.

Zweiter junger Dichter

Schaum ist der Fluß. Schön der Name.
Die stummen Fische, antworten mit ihrem Glanz.
Im Hintergrund der Berg, seine lebendige Geduld.

Das Tal der Helligkeit frischen Grüns.
Soviel Ebene bis zur Grenze des Raums, lebend,
aufgesogen dort in ihrem Sein. Oh Licht, oh Schatten.
Und ich sah mich um. Wie schlug die Zeit vor meinen
Augen,
Wie unendlich in ihrem tatsächlichen Anteil,
in ihrer Gestaltung, die ich liebte und versuchen würde
mit diesen Händen von der Liebe entsandt!
Denn ich bin.

Erster junger Dichter

Ich erkenne mich, also bin ich und betrachte
die andern. Sie sind ausgedachte Formen.
Wie sehr täuschen ihre Ränder und sind nie zulässig.
Leben ist erkennen. Aber nur ich allein
bin Zeuge meiner selbst. Ich weiß nicht. Ich höre nicht zu.

Zweiter junger Dichter

Wie tauchte ich meine hellen Augen in dich,
wirkliche Welt! Ich ward geboren, weil du warst.
Und betrachte mich in den Bergen: Spiegel sind sie
alles Lebendigen. Darüber der Himmel.
An seinen Hängen Menschen, Schmerz, Zweifel,
Wahrheit. Wahrheit alles, die Welt war ein Pfad
für die Erkenntnis und lebend habe ich ihn betreten.
Heiter trat ich aus einer Tür.
Sah die Steineichen. Hörte ihre starken Äste.
Öffnete die Augen und ein Himmel war Kastilien.
Zwischen den Menschen unten begann ich zu laufen.

Erster junger Dichter

Die Zahl ist das Leben. Und rollt allein.
Ein zulässiger Gedanke ist ein Mensch.
Geboren ward ich am Meeresufer und erfuhr.

Aber ich sah nicht die Wasser. Nur ein Sinnbild
konnten sie sein. Sie waren in einer Hand.
Die ungeheure Hand, die ich im Schlaf leugnete.
Was geschah? Ich erwachte bei ihrem Donner.

Zweiter junger Dichter

Ich verließ die Stadt durch eine enge Pforte.
Und jäh öffnete sich das Land.
Seine einstürzenden Tore: Grenzen,
die Raum nur sind, unendlich der Mensch.
Unendlich für dich, ausgestrecktes Land,
Bett, darin geboren zu werden. Durch dich, dein sein,
dir gehören, Sohn von dir, lebendige Faust
deiner Erde, belebt durch einen Hauch.
Das geheimnisvolle Leben, das dich einatmet
in einem seßhaften menschlichen Leib.
Welch geheimnisvolles Gehen. Gehen oder Sein.

Erster junger Dichter

Chimäre bin ich, versuchte ich einen Ausbruch oder Leib.
Ich mißtraue dir, schmerzhafte Erde.
Ohne Schwere bin ich nicht, und ich lehne mich auf
gegen mein Gewicht. Die üppige Einbildung
ist wie Licht und dringt durch die Leiber
unbegrenzt. Lebt wohl, ihr Toten.
Ein behaupteter Sieg ist eine Gottheit.
Die Haut ist das Kleid, und nackt will
ich wissen, frei und zügellos herrschen.

Zweiter junger Dichter

Bald entdeckte ich die Sprache. Ein anderes Etwas sprach
und ich verstand! Oh die Heimsuchung der sanften
Sprache,
die eine Lippe formt und das Ohr hört.

Am Anfang war das Wort und es wurde Licht.
Es zeigte mir die Helligkeit, ich sah die Sterne,
ihr bebendes Zeichen unerforschlich
wie andere Lippen auf meiner Wange.
Ich schrie. Und spürte einen Kuß. Erwachte. Es war Tag.

Erster junger Dichter

In der Dunkelheit des Geistes die Welt.
Nur eine Vorstellung seh ich glänzen
in diesem Gedanken: die lichtvolle Welt.
In dieser denkenden Höhlung leuchtet
eine Wahrheit oder eine Zahl: der Planet.
So fühle oder denke ich es. Ich liebe
die Vorstellung, die ich verehrte, und sie hält an.
Makellos glänzt sie für sich.

Zweiter junger Dichter

So viele unbeschwerte Feuer in der Nacht.
Küßt, ihr Liebenden, mit dem Licht der Lippen.
Küßt das Licht, und mag darin ein Schoß verfließen.
Oh der Leib, der sich hingibt. Die Sterne
seufzen im Kuß, und keine Tränen,
nur einen Himmel der schlaflos ist. Alles
Ausdruck einer berührbaren Wahrheit: Materie
oder ein Lichtstrahl, den ich gefangensetze.
Dich umgrenzen heißt, die Liebe geben, gewährte Welt.
Welt, die in meinen Armen beinahe sich dreht.
Wie ein Kuß der Raum und entbrannt nun
bleibt er in den Sternen als Erinnerung.

Erster junger Dichter

Mit dem Rücken zum Meer, blind die Augen,
vermauert schon das Gehör, denk ich für mich.
Ich weiß, was ich weiß, und weiß nicht, ob ich wußte.

Der Berg, die Wahrheit, der Leib, der Haß
gleich einem Wasser in einem Glas nimmt es den Glanz an
und zersetzt sich darin. Trinke das Wasser!
Und schlaf. Schlafe und das Erwachen sei dein Traum.

Zweiter junger Dichter

Der Tag bricht an. Wieviel bin ich gelaufen, und ich
glaube.
Glauben, leben. Sichtbar ächzt heute die Sonne.
Oh meine Sinne. Zuverlässig entsprechen
sie deiner Wahrheit, geküßte und erlebte Welt.
Dies mein Anteil, auf dem ich lebe. Und ich fasse
den Anteil Welt, der mich beherbergt. Er ist.
In seiner Gewißheit schreitet er fort und wächst.
In meiner Begrenzung fühle ich mich frei.

Erster junger Dichter

Schau ich oder weiß ich? Mein Schweigen macht es
sichtbar.

Zweiter junger Dichter

Die Freiheit hat sich geöffnet für die Welt.

6

Mysterium vom Tod des Stieres

Der Stier (beim Eintritt)

Es öffnet sich das Licht. Ist es schon Nacht? Aber die
Geschmeide blenden.
So ist der entfesselte Strom in meinem Maul.
Welch Verwirrung der Gerüche. Doch am Ende der Tod.
Wieviel schlaflose Welt sich in meinen Pupillen ausdehnt.

Der Stierkämpfer

Der Stier kommt und überrennt sich in listiger Täuschung.
Die Wahrheit ist ein Körper, der die dünne Luft bricht.
In der ermatteten Sonne glänzen meine Stickereien
und vergrößern die Wahrheit, wenn aus ihnen die Capa
kommt.
Die arglistige Täuschung gleicht einem ausgespannten
Flügel
Nüstern verführend in ihrem pfeilschnellen Flug.
Ein Duft von Nelken für die ungeheure Arena.

Der Stier

Einsamkeit, ich habe nicht verstanden. Sind es die
schwierigen Plätze?
Welch Erschütterung durchzuckt meine diesseitige
Bedrohung?
Ich bin es, ich bin es, größer der Umriß, die Schwärze, die
Beharrlichkeit,
während ich meinen Nacken in den beleidigten Himmel
hebe.

Was denn? Mein ungeheures Horn ritzt seine erhabene
Seide.
Ich spüre den Himmel in den Spitzen, und sie zerfetzen
sein Blau,
ungestirntes Zeltdach, doch von Lichtern verletzt,
die ich auf meine Hörner hebe wie einen Flammenleib.

Der Stierkämpfer

Das Leben ist eine Täuschung, und ich fordere es mit
lauterer Brust zum Zweikampf heraus.
Durchaus kein Tanz ist das Leben, das ich gekonnt
verspotte,
sondern eine Landkarte aus Sand, darin mein Puls schlägt,
Flug oder magische Sendung, mit beiden Füßen auf der
Erde.
Weiter weg die Gelbfarben, das Gold dieser Leinwand,
zinnoberbestrichen, Stierblutfarbe.
Und rot flammt der Wimpel des wie eine sinnlose Gnade
wunderbar verliehenen und rettenden Sieges.
Ich bin das Licht, ich bin die Ordnung der sich öffnenden
Flügel.
Der genaue Sieg über eine vortreffliche Wissenschaft.
Und einer anderen Musik lausche ich, die keiner hier jetzt
hören kann,
während sie im Drehpunkt, in den Lyren, im Stierhorn
erklingt.
He, Stier . . .!

Der Stier

Wie lastend der Nachmittag. Niemand denkt so
wie dieser Platz oder dieser Stein für meine ruhenden
Hufe.

Regungslos schau ich in die Runde. Ich träume
oder denke. Es ist die Stadt oder ein Schicksalsschlag,
die zu einem Platz wurden oder zu Himmel oder anderem
richtungslosem Glanz.
Wer brüllt? Ein Klang. Eine einzige wilde
Kehle, die Tod schreit durch ihre gespannten Sehnen.
Tod! Und das unzählbare Gesicht leuchtet ganz in Rot.
Einen Augenblick entfacht mein Schwanz einen Wind aus
Gras,
in der Tiefe das Weideland, die Stimme, die Ulme, der
Fluß.
Flüchtige Wolken über jungfräulichem Laubwerk.
Nur der Wind in den Blättern streift sie wie ein Kuß,
während der schwarze Stier die vorletzte Sonne
empfängt.
Weites Land . . .

Das Publikum

Wer schreit? Elender, dein Name!
Er lebe. Sterbe. Ich schwör's dir. Verdammter. Hinaus.
Hoch.

Der Stierkämpfer

Mein Leib singt allein in einem tiefen Brausen.
Es ist nicht der Schatten, der mich streift, sondern nur eine
Raummenge:
Masse gehäuft wie eine allumfassende Gegenwart.
Jupiter. Und mehr. Eine Welt fühlt sich treu ihrer
Planetenbahn.
Doch wie empfindlich, wie errechnet und genau;
die Stickerei, die sie streift, erzittert gar und gleitet aus.
In der Hand begreif ich die Ordnung eines Sterns,

während meine regungslose Brust jetzt seine Bahn abzeichnet.

Der Stier

Was seh ich. Es ist nicht der Schatten. Meine Pupille rötet sich.
Ich verfolge einen Traum oder erfinde, was ist oder ich gedacht habe.
Jäh begehre ich es, aber die Luft, meine Hornspitzen ...
Einsamkeit. Ein Wunsch ist ein Körper, der sich aufrichtet.
Wie erhaben ist das Leben, aus so herrlichem Stoff,
körperlich, unter einer Sonne sich enthüllend, und fordert mich heraus.
Lädt ein. Und bietet sich an, wie Liebe, meinen Namen aussprechend.
Denn es besteht. Und bringt mich hervor. Weil es ist, bin ich vor mir selber.
So vollkommen meine Kraft, mein Maß. Oh, wie genau ist
leben, wünschen. Und ist so nur bei drohender Gefahr.

Das Publikum

Hinaus, hinaus. Feigling. *(Gläser, Zweideutigkeiten, Funkenregen.)*
Hinaus, Fliehe. Die Degen ... und deine Mutter! Bringt ihn um.

Der Stierkämpfer

Eine Brise spür ich an den Zähnen einem Messer gleich in der Stille.

Ich lasse mich nicht täuschen, spitzhörniger Stier, ein
Hauch schon macht mich zu Eis.
Aber mit meinem Atem zerstreu ich den Rauch
oder Nebel, und es erstrahlen andere Lichter von größerer
Gewißheit.

Der Stier

Eingerissen sind die Mauern, das Land, die Aue.
In den hellen Nüstern sind freier die Winde.
Brüllen oder singen. Doch wer gibt Antwort? Wer
schreit?
Diese Gestalt ist sein Schatten. Oh, so tapfer. Ich nehm ihn
auf die Hörner
und werf ihn in die Lüfte. Aber Luft ist er und noch mehr
Luft.
Einsamkeit, du tötest mich mit deinem schmutzigen
Lärmen,
Eine Wolke narrt mich, bietet sich rötlich an.
Und laufe ich, ist es das Leben, das sich verflüchtigt, und
noch träum ich.
Träumen ist alles: meine Augen, mein Nacken. Nichts will
ich.
Ein Glanz nur, und er blendet mich. Einsamkeit, dich
verspür ich.

Das Publikum

Bravo. Hinaus. Die Augen. Hängen sollen sie ihn. Tod.

Der Stierkämpfer

Welche Versuchung! Leben. Der Todesdegen ist kein
Traum.

Denn er ist wirklich und schläfert ein, weil er singt oder
seufzt.
Es ist ein einsames Begehren, Liebe fast oder ein Name.
Wie langsam er sich ausspricht, wie eine Lippe
das unsichtbare Wort wie einen nächtlichen Kuß.
Es gibt keine Sterne, gäbe keine, aber ein Mond glänzt
und es entzündet sich wie eine heiße Berührung ein
aufgedrückter
Kuß, nah, ganz nah: Liebe ist es, und entbrannt singt sie.
Der Degen ist das sich vergießende Blut der Liebe.
Es sind ihre tiefsten Pulse, die im Geheimen schlagen,
und aus Liebe gehorcht diese Gestalt, geht sorglos,
wird aufgesogen, zerstört, geht, mit einem Wort, dem
Ende entgegen.
Die Zerstörung oder Liebe auf dem schwarzen Sand,
wo der von einem liebenden Wurfspieß genagelte Körper
sich in Fieberschauern ergibt, sich vergießt und schmilzt
wie ein Feuer im Schatten, wo nichts sichtbar ist.
Einsamkeit. Niemand hat gesehen. Die Arena, blind.
Allein sind wir.
Der sich drehende Kreis hat eine Mitte in sich selbst.
In der aufgelösten Liebe, denn aus Liebe ward er geboren.
Er hat getötet. Hat gelebt. Es ist Liebe. Es bleibt der Wind.

Jener Weg des Swan

Swan

Das ist kein Weg: Ankunft. Denn wer zweifelt ist wer
ankommt.
Ich bin es, mit meinem Monokel, der anderen Lichtern
zuhört.
Nicht der Sterne, denn nie habe ich ihre Schimmer
überrascht.

Marcel

Du warst eine Chimäre, in der ich ruhte.
Ein Schatten, oder hab ich dich nur im Spiegel gesehen,
indes ich, dich sehend, spürte,
daß ein Trugbild nicht stirbt,
solange es liebt. Hast du gelebt?

Swan

Ein Mantel ist, wer liebt. Nicht wer im Dunkeln tönt.
Ich bin es nicht, noch mein Name. Nur der Blick weiß,
was er vergißt oder erinnert, wenn er stirbt.
Ich bin, der ich einmal war, falls ich gewesen; aber wissend
und allein.

Marcel

Wenn du über den Teppich einer Dame deine Schritte
lenktest,

schlief weit weg die Menge wie eine Welt,
meine Hand aber befestigte an einer Schulter
einen Diamanten, eine Perle nur, indes du lächeltest.
Weise wovon? Von der Welt? Von ihrer ungestraften
Maske.

Swan

Wie ein Frack bin ich vorbeigegangen, ohne meine Maske,
allein
vor dem grandiosen Spiegel, in dem ich lebte und den ich
liebte.
Denn wenn ich liebte, war es deshalb: weil ich nicht liebte
und es wußte.
Leben: nur eine Ausrede. Aber ich litt, und dies mein
Verdienst.
Verdienst. Während wir leiden um das, was wir nicht
wollen,
lieben wer nicht liebt, und unfruchtbar ist die Rose.
Und atmet man eine Seele, verschwindet der Duft. Ein
Wohlgeruch
glänzt am Apfel, aber leer immer.

Marcel

Meine Einsamkeit sei nicht die deine. Aller Glanz bleibt
auf der Oberfläche, und ich kämpfe im Dunkeln
ins Niemals, ins Immerzu. Tiefe Dunkelheit war es,
die ich haßte, als ich sie erkannte und ich in meinem
Namen wohnte.
Mein Name, wer hörte von ihm? Name, Klagen, Worte,
oder mehr der Reflex eines Auges, das nicht existiert, denn
keiner sieht es an, aber alles erkennt es.
Dieses Frou-Frou der Röcke beim Walzer,

die zahlreichen Arme, aber der eine gleiche im Schatten,
das blonde Haar, das braune, die Wellen,
Muscheln wie Atlas, wie der Wind im Tüll,
alles streifte er und ich hörte es, während sie alle redeten.
Einsamkeit, immer nur kannte ich deinen unreinen
Namen,
und kannte andere Küsse nicht als die in ihr erklingen,
in ihrem Grund bleiben und finden Widerhall auf immer,
während du mit deiner Hand neue Schatten zeichnest.

Swan

Ich kenne mein Profil. Doch nein: argwöhnisch bin ich.
Wenn ich einen Botticelli bewundere, weiß ich, daß reine
Farben
verglühen und täuschen. Wenn ich eine Sonate höre,
weiß ich, sie verletzt im Innersten, aber nie ist es ihre
Musik.
Ein Dolch oder ein »Thema« ist, was sich in die Brust
senkt.
Ein »Thema«: das ist mit seinem unreinen Wort das
Leben.

Marcel

Eines Tages hab ich dir gesagt: »Erkenne«, und mein Bild
war
anders und dasselbe, das in dir erscheint.
Was ich nicht war, bist du gewesen, aber auch ich war es.
Deinetwegen hab ich geliebt, und in dir war mein
Verlangen, während ich für mich allein log.
Ich war was sie alle waren: schonungslose Einsamkeit.
Welt, die herabstieg, als ob sie mehr ergründete.
So als ob der Rubin nicht verdorbenes Blut wäre

und der Türkis ein Himmel, der fremde Augen nachahmt.
Aber je mehr Gold, desto ärmlicher ist alles und leidet.
Dies Kollier, das ich bewundere, stranguliert mich im
Traum.
Das Diadem ist Dornen und das Lächeln ist Blut.
Und während ich mich verabschiede, sammle ich die
Schatten ein,
in denen sie alle haften, auch wenn sie es nicht wissen.
und ruhen.

Swan

Ich wußte es. Hab ich gelebt? Ich durchlief die Skala
dieser Erkenntnis. Aber ich dachte, wie sinnlos
das zu wissen, und niemals. Aber ich habe nicht gelogen.
Ein Frack spazierte allein, auf der Brust ein Glanz.
Und dahinter? Ja, im Innern, ein anderes erloschenes
Glänzen.
Der Tod zeigt zuweilen ein schönes frivoles Antlitz,
das zu uns spricht und wir hören ihm nicht zu: wir hören
den Fächer.
Eine Dame, und wir drehen uns im Walzer: Schlafen
unter sterblichen Lichtern.

Marcel

Jetzt schweigst du, ich weiß. Alles ist Schweigen, und es
genügt.
In meinem Zimmer sterbe ich und ihr schaut mir dabei zu,
während ich die letzten Glanzlichter eines Erdkreises
aufsetze.
Fliehender des Augenblicks, aber mehr verlange ich nicht.
Ich war und ich bin gewesen. Hört mir zu.
Doch nein,
ich bin mein Schatten.

7

Der Schatten

Das Kind

Alles kommt langsam wie das Leben selber.
Lange bevor ich geboren wurde, war ich jemandes
Bewußtsein.
Ich war das ganze Leben, ohne seine armselige
Beschränkung.
Wie die Rose am Stiel in der Vorstellung einer Göttin.
Ward ich geboren? Ich kam zur Welt, aber allein.
Wie ein Schatten, der sich sättigt
zur Nacht. Schweigen. Aber jetzt war es eine Klage.
Ich wuchs ... Nicht der Stern liebt, sondern seine toten
Strahlen.
So kam ich von weither, wie von einem erloschnen Stern.
Und hier leuchte ich nun oder lebe, aber nur den Augen.

Der Vater

Schatten ich am Fenster. Ich befrage mich und schweige.
Schwieg ich immer? Was ist Leben? Wer es gibt, ist der es
nicht kennt.
Schatten oder stilles Schweigen, das nicht verstreicht und
stirbt.

Das Kind

Ich bin klein also zäh. Durch diese feierliche Wohnung
spazier ich.
Vielleicht seh ich etwas durch die Scheiben ...
Was fühl ich? Einen Degen oder seinen Traum. Aber nach
anderen Schatten seh ich.

Ein anderer Schatten. Jemand machte mich, und es gibt
ihn nicht; aus jemand ward ich geboren und bin
gestorben.
Ein Blitz war ich und richtete mich ein. Aber der Blitz
oder der Augenblick
war nicht ich, noch ward ich durch ihn erschaffen. Aber
dich rufe ich, oh Schatten.
Zu dir trat ich hervor. Ich weiß es. Ohne dein stummes
Schweigen, das mir entgegenkam, wär ich nicht.
Doch ist mein Leben, mich an deinen Schatten klammern,
und du bist nicht.
Denn wer geboren wird, ist allein und wer gelogen, gab
Leben.

Der Vater

Etwas fühl ich, ich weiß es, aber es ist nicht Leben.
Gezeugt hab ich in des Lebens schwingender
Unbeständigkeit, aber ich hab nichts getan.
Heute
streichle ich eine Leere.

Das Kind

Und ich wünsche mir einen Schatten, haben, was ich nie
gehabt.
Das schöpferische Bewußtsein, aus dem ich geboren,
aber es war nicht mein Ursprung. Denn der Zufall hat
mich hintergangen.
Vater, wenn du mich nicht erdacht hast, warum brannte
die Chimäre?
Ein Rauch bin ich eines Traums, den er nicht gehabt. Und
Atem.
Aber ich taste und berühre nicht dein Leben. Oh erlogener

Vater, der du nicht wolltest aber mich hierher schlepptest.
Unrein, denn mein Ursprung war nicht eines Mannes Traum.
Geboren wird man von einer Mutter, die uns niemals losläßt.
Wie eine nächtliche Wölbung ihre Sterne, ewig,
und sie deckt uns zu, und wir sind, wenn sie zu sein, Sein bedeutet, solange man ist,
aber wenn man nicht ist. Oh Vater, wenn es dich gab, hast du gelogen.
Denn lügen ist genießen ohne Bewußtsein.
Mich hast du damals gehaßt, ohne es zu wissen, und aus einem Haß
ward ich geboren. Doch ich habe dich nicht und sterbe.
Ich kam auf die Welt, dich zu lieben. Für ein ständiges Bei-dir-sein
und daß du bei-mir-wärest, Vater für immer, und wir sein würden.
Was ist Lust?

Der Vater

Ich weiß: ich bin nicht. Noch bin ich gewesen. Ich war ein Licht, so meine ich,
aber ich war kein Licht, sondern der erstickte Docht.
Was ist Lust? Der Schöpfung fremd, stößt sie uns zu Boden,
sie hält uns oder spuckt uns aus, und wir hören ein Lachen.
Einen Augenblick sah ich mich, beschämt, in einem Augenpaar,
und ich sah die Leere.
Ich schloß die meinen und mein Leib erzitterte. Ich war allein.
Die Lust ist die Einsamkeit und nichts schafft sie als den Traum dessen, der darin untergeht.
Und der Tod wird geboren.

Das Kind

Vater den es nicht gab, damit ich lebe, will ich, sei
der Mann, der die Wahrheit sagt,
der in Wahrheit erschafft, Vater, du mein Bewußtsein;
dein Bewußtsein bin ich gewesen, aber nur in meinen
Träumen.
Mutter, gemeinsame Erde, aus der ich einsam geboren
ward.
Zu dir geh ich zurück, und allein, und ich begrabe mich in
deinem Schoß.

Yolas der Seefahrer und Pedro der Pilgrim

Yolas der Seefahrer

Leicht wie der Schaum reise ich und singe für immer in der Morgenröte.
Geboren wurde ich wie das Meer aus der tiefen Nacht.
Und atme wie das Meer und bewege mich und gehe und komm zurück.
Ich bin der Norden und der Süden. Die Sterne funkeln.
Kreuz des Südens. Bär. Venus. Kassiopeia ... Es schimmern
die Sterne auf meiner Stirn oder meine Stirn sind sie. Ich bin jung
wie das Licht. Zeitlos. Solange ich auf den Wassern fahre.

Pedro der Pilgrim

Die Erde! Pilgrim vom Morgenland her, suche ich den tiefen Schatten, welcher ist Sein ohne Ende.
Ich glaube. Doch mehr an dich, kostbare Erde, mehr als heilig, Gottheit du,
die nie vergeht noch sich im Himmel bewegt.
Erde Gottes. Oder ein Gott, der erdgeworden, ruht
wie der Stein. Stein ist mein Name, demütig,
aber es herrscht der Stein.
Ich geh meinen Weg allein und immer in Richtung auf den Schatten,
wo Gott herrscht. Doch der Stein ist sein Haus.
Dich, kostbare Mauer such ich, Schlußstein den ich küsse,
Wehklage, nicht Mauer, aber Schimmer,
lichtlos. Denn im Schatten herrschst du.

Yolas der Seefahrer

Helligkeit, Licht. Ich bin jung, doch geboren ward ich vor
Jahrhunderten;
aber geboren wurde ich nie. Wie das Meer, ruhig ich.
Das Wasser ist das Unbeständige, das sich nie ändert, und
seine Masse ist der Himmel, den ich betrachte mit
seinen tiefen Sternen.
Ich sah die Liebenden fallen, einer im Arm des andern, wie
Wasser auf die Erde.
Und sie ruhten ausgestreckt. Welch Fluß ohne Raunen, es
sei denn von Küssen, vom Schaum fließend.
Der Abend war ein Lebensregen, und das Wasser
war die Liebe. Uferlos wie ein Fluß in den Ebenen.
Gelassenheit und Schweigen und später dann der Stern.
Einsamkeit, beste Gefährtin derer ohne Grenzen.
In ihren schönen Leibern nur die Sterne gezeichnet.

Pedro der Pilgrim

Ich reise und reise und messe mit meinen Füßen nur den
Stein. Den Stein muß ich anbeten als letztliches
Geschick.
Kein Bildnis: der Stein. Keine Form: sein Wesen.
Und hier, steintrunken, geh ich blind meinen Weg,
suche Gott im Stein, wo nur Er wohnt.
Denn nur dieser ist, und meine Lippen finden ihn.

Yolas der Seefahrer

Die Städte, der Wind ... Yolas, Sohn, was suchst du?
Jung bin ich. Du bist jung. Schön im Licht. Tot im Licht.
Fortdauernd.
Ich liebe, was sich nicht verändert und wechselt, doch
immer das gleiche ist.

Das Meer. Bewegung.
von Ruhe und Feuer, im Schaum oder in der Flamme.
Die Städte, was sind sie denn,
wenn nicht der Widerschein der Sonne und ihrer Spiegel in
den erschaffenen Wassern?
Glas, Stadt, die Schein ist. Nur das Meer atmet.

Pedro der Pilgrim

Vater, du bist der Stein. Oder mehr: der Stein, für sich, ist.
Einziger und ewiger Stein, der sich genügt und währt.
Er singt. Ich sehe die Vögel nicht, nur ihre Schatten auf der
Erde.
Und wenn ich in den Himmel schaue, wenn er blau und
gewiß ist,
spür ich den kostbaren Traum der Erde in der Höhe.
Es ist mein Geschick. Eines reinen Steines wegen lauf ich
bis ans Ende des grenzenlosen Raumes.

Den Stein auf den Lippen, ruh ich am Ende. Ich bete an.
Ich atme Stein. Bin ich gestorben? Ich ward geboren. Ich
stehe still.

Yolas der Seefahrer

Ich fahre zur See. Fliegende Fische tragen mich
wie den Strahl das Licht, wie die Morgenröte den Vogel.
Und beweg ich mich nun nicht mehr, während ich treibe,
ist es, daß ich mich wälze
wie der Rücken des Meeres. An den Stränden zerstreu ich
mich.

Wer tanzt, verzehrt sich

Der Tänzer

Es geht zu schnell. Ich weiß nicht, schwer ist es, zu
entscheiden,
was verborgener ist, der Dolch oder die Rose.
Etwas berauscht die Luft. Silber nur? Oder sind es Düfte
von Blütenblättern, von nackten Füßen zerdrückt,
die meine Sinne erreichen, sie bloßlegen und reizen.
Kraftvoller zerstören sie die Rätsel,
und schließlich sieht man am Horizont dort
die Berge wie hingestreckte Leiber, und es währt das
Geheimnis.

Der Schauspieldirektor

Wenn du meinst, der Bühnenhimmel schwankt,
dann achtest du nicht auf deine Worte. Dein Fuß in der
Luft
ahmt den Anbruch der Morgenröte nach, doch wie
armselig.
Das Orchester? Während das Holz das Einschlafen probt,
das Blech das Verstummen und der Scheinwerfer von Mal
zu Mal rosiger ächzt,
schlafe oder lese ich und erwache und schweige.
Die Wissenschaft ist ein Gebiet, darin der Mensch
verlorengeht.
Ein Wald, den ich kraft meiner Anweisungen wachsen
lasse, vermag
den Zuschauern eine grüne Frische zu geben, nicht das
Leben.
Darum lächle ich, wenn der Vorhang sich hebt

und der Tänzer sich wiegt wie ein Baum und ich seinen
Fuß
hinzufüge, seinen wie ein anhaltender Zweifel
geheimnisvollen Fuß.

Der Tänzer

Ich bin der ich bin, aber der ich bin ist nur
ein in seinen Farben faßbarer Vorschlag.
Nie ein Begriff. Ich tanze, schwanke, zuweilen kann ich
mich zum Bogen gespannt behaupten mit meinem Körper
und den Lüften,
die darunter streichen wie Begierden. Ich spüre sie nicht.
Nie
spürt der Brückenpfeiler
die schnellen Wasser so wie die langsamen: Traum,
und das Träumen ist lautlos.
Mein Körper ist die Armbrust, von der sich der Stein
abschnellt;
ist der Bogen, und ich bin der Pfeil: ein flüchtiger
Gedanke.

Der Schauspieldirektor

Allein bin ich und vertraue nicht auf das, was ich getan,
noch will ich
erwähnen, was ich anwies oder vorschlug: eine Idee.
Die Bühne ist eine Idee, und der Gedanke brennt.
Mit Farben oder Wendungen des Zorns oder Glaubens
hab ich deinen Namen aufgerichtet.
Auf Leinwand, Zinnober, staubiges Gold, die Rose, der
nackte Fuß
und der hoch aufgerichtete Körper des wachsenden
Tänzers,

Lüge oder Kostüm, doch die Wahrheit brennt.
Unterm Trikot ist ein körperlicher Schrei der Rhythmus,
und mit meiner Hand nehme ich Maß, und sie verzehrt
sich hier
für alle. Und alle, gesteigert, applaudieren.

Der Tänzer

Musik erklingt und schlägt Wellen wie ein salziges Meer,
darin mein Körper ängstlich und glänzend erkundet.
Ich bin der frühe Schaum, der zwischen Wellen steigt
und auf dem Kamm irisiert, euch so eine Welt aufdeckend.
Ihren Namen oder sind es ihre Taten auf den flammenden
Lippen,
während die Saiten singen und die Oboen klagen
wie dunkle gescheiterte Grundsätze, und die Flöte wie
eine
feine Zunge ist, die über eine Haut zuckt.

Der Schauspieldirektor

Es ist nicht der Klang, es sind meine Hände. Genug! Die
ganze Welt dort aufrecht.
Empfangen ist nie einfach. Chor oder unreiner Trübsinn,
der wie verblühte Rosen sang- und klanglos dahingeht.
Tanzen sie noch oder täuschen sie noch? Eine Welle von
fauligen Düften
flutet und schwankt, während die Lyren schweigen.
Gesichter für diese brennende Jugend, die ein Mann ist.
Die vollkommene Verdammnis hab ich gesehen und ich
führe sie auf.
Das stöhnende Schwarz, Muschelgelb, das Grau im Finale
wie schlafende Leiber.
Ein Haufen Wollust, aber ausgelöscht, im Schatten.

Oder ist es ein klagender Walzer, der im langsamen Staub
sich erlöst.

Der Tänzer

Das ist das Ende. Ich hab geschlafen, während ich tanzte,
oder träum ich.
Leicht wie ein Engel bin ich, den ein Lippenpaar
ausspricht.
Mit der Rose in der Hand gebe ich mein Leben,
und was ich anbiete ist Gold oder ein Dolch oder ein
Toter.